W0100109

AtV AUFBAU THEMA

Hildegard Hamm-Brücher, Dr. rer. nat., Dr. h. c., wurde 1921 in Essen geboren. Sie studierte 1939 bis 1945 in München Chemie und 1949/50 an der Harvard University, USA. 1945–1948 wissenschaftliche Redakteurin der »Neuen Zeitung«, München. 1950–1966 und 1972–1976 Mitglied des Landtages von Bayern. 1967–1969 Staatssekretärin im Hessischen Kultusministerium. 1969–1972 Staatssekretärin im Bundesministerium für Bildung und Wissenschaft. 1976–1982 Staatsministerin im Auswärtigen Amt. 1976–1991 Mitglied des Bundestages. 1994 Kandidatin für das Amt des Bundespräsidenten. 1964 Gründerin und bis heute Vorsitzende der THEODOR-HEUSS-STIFTUNG für politische Bildung und Kultur. U. a. Mitglied des PEN-Zentrums.

Buchveröffentlichungen u. a.:
Gerechtigkeit erhöht ein Volk, 1984; Kämpfen für eine demokratische Kultur. Texte aus vier Jahrzehnten, 1986; Der Politiker und sein Gewissen. Eine Streitschrift für mehr Freiheit, 3. Auflage 1991; Der freie Volksvertreter – eine Legende? Erfahrungen mit parlamentarischer Macht und Ohnmacht, 2. Auflage 1991; Wider die Selbstgerechtigkeit. Nachdenken über Sein und Schein der Westdeutschen, 1993; »Mut zur Politik«. Gespräch mit Carola Wedel in der Reihe »Zeugen des Jahrhunderts«, 3. Auflage 1993; Freiheit ist mehr als ein Wort. Eine Lebensbilanz, 2. Auflage 1996.

Hildegard Hamm-Brücher

»Zerreißt den Mantel der Gleichgültigkeit«

Die »Weiße Rose« und unsere Zeit

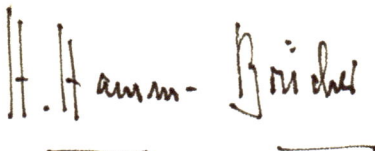

28.2.99.

Aufbau Taschenbuch Verlag

Herausgegeben von Wilhelm von Sternburg

ISBN 3-7466-8515-X

1. Auflage 1997
© Aufbau Taschenbuch Verlag GmbH, Berlin 1997
Umschlaggestaltung Preuße / Hülpüsch Grafik Design
unter Verwendung eines Fotos von Ingrid von Kruse
Satz LVD GmbH, Berlin
Druck Elsnerdruck GmbH, Berlin
Printed in Germany

Inhalt

6

Vorwort

Als die Geschichtsschreibung noch von Vernunft und Fortschritt träumte, sie im Gefolge des Hegelschen Optimismus – richtig sei, was der Weltgeist da herausgebildet habe in der Entwicklung der Völker und Nationen – selbstsicher wähnte, der Mensch sei gut, schuf sie unsere Helden. In der Regel waren es die Herrscher und ihre Feldherren, die den nachgewachsenen Generationen von ihren Historikern und vaterländischen Lehrern pathetisch und in idealistischen Tönen vorgestellt wurden. Natürlich handelte es sich dabei stets um die Sieger. Gebrechliches Menschenwerk, in der Regel von grausamen Feldzügen und zynischen Entscheidungen geprägt, wurde zum Kult erhöht: Napoleon, Bismarck, Hindenburg, der Historismus schuf seine ideologisch sehr wirksamen Legenden. Mit Adolf Hitler ging das zum Leidwesen vieler Unbelehrbarer nicht. Sein Lebenswerk ließ sich denn doch nicht umfunktionieren zum Heldenepos, zu hoch waren die Leichenberge des von ihm und seinen Generalen ausgelösten Vernichtungskrieges, zu entsetzlich die Bilder aus Auschwitz oder anderen Folter- und Massenmordlagern, die die Welt nach dem 8. Mai 1945 erstarren ließen.

Die demokratische Gesellschaft beginnt mühsam zu lernen, daß Personenkult und Heldenverehrung in der

Regel auf historischen Lügen basieren. Menschen handeln, es sind jedoch die Strukturen, die ihre Entscheidungen und damit den Fortgang der Geschichte bestimmen. Aber auch die Demokratie braucht Vorbilder, einen Leitfaden der bürgerlichen Tugenden, ohne deren Beherzigung die Strukturen zerstörerische Formen annehmen. Schön wäre es, wenn unsere gewählten und damit privilegierten Vertreter in den Parlamenten eine solche Rolle einnehmen würden. Wir wissen aus der täglichen Zeitungslektüre und beim abendlichen Blick auf die Fernsehnachrichten, daß der Kampf um die Macht jedoch auch in der Demokratie nicht gerade charakterfördernd auf ihre Akteure wirkt.

Das mag in normalen Zeiten noch hingehen, aber – die Spätphase der Weimarer Republik bot dafür ein tragisches Beispiel – in extremeren Situationen rächt es sich bitter. Als Hitler im Januar 1933 unter dem Beifall oder doch der wohlwollenden Förderung der deutschen Eliten und Kleinbürger sein Terrorregime etablierte, da bewies fast das ganze Volk, in welcher mentalen Verfassung es sich befand. Es nahm die Diskriminierung und Verfolgung der deutschen Juden ebenso schweigend (oder zustimmend) hin wie die physische Vernichtung jeglicher Opposition oder die Vertreibung der wissenschaftlichen, literarischen oder politisch-demokratischen Geisteselite. Es gab keinen massenhaften Widerstand, als die Diktatur Recht und Gesetz brach, auf ihren Befehl immer mehr Menschen vernichtet wurden und sie den nächsten Weltkrieg systematisch und mit dem Wissen von Großindustrie, Beamtenschaft und Armeeführung vorbereitete.

Es waren damals nur sehr wenige, die den Mut fanden,

nein zu sagen, und noch weniger besaßen die Kraft, aktiv gegen das Regime zu kämpfen. Als das Land in Trümmern lag und der moralische Zusammenbruch Deutschlands während der Nazijahre in seiner ganzen Dimension sichtbar wurde, schlug die Stunde der Verdränger und Rechtfertiger. Die Klagen über das eigene Leiden – die Bombennächte in den Kellern, die Flucht vor den heranrückenden sowjetischen Armeen, der Verlust von Schlesien, Pommern, Ostpreußen und dem Sudetenland – waren laut und heftig. Über die millionenfachen Opfer unter den Juden, Polen oder Russen schwiegen sich die Deutschen aus. Auch über den inneren Widerstand von Kommunisten, Sozialdemokraten oder engagierten Christen, der einen hohen Blutzoll forderte, oder das bittere Brot der Exilanten. Das Wort von den »Vaterlandsverrätern« machte nach 1945 wieder die Runde, und es sollte für die überlebenden Opfer des Dritten Reiches in den ersten Jahrzehnten der Bundesrepublik ganz praktische Folgen zeitigen, als Hitlers Richter und Generale, Industrieführer und Kirchenfürsten, Diplomaten und Hochschullehrer rasch rehabilitiert und neuerlich in Amt und Würden gesetzt worden waren. Über die Frage der Entschädigung der überlebenden Naziopfer entschieden sehr häufig Amts- und Mandatsträger, die schon während der Hitlerjahre zu Schicksalslenkern geworden waren. Die Geschichte der deutschen »Vergangenheitsbewältigung« bewies nur einmal mehr, wie tief der unselige Geist des autoritären und nationalistischen Staatsverständnisses in den deutschen Köpfen verankert war.

Eines der bewegendsten Fanale im Dunkel der Hitlerzeit setzte eine kleine Gruppe junger Studenten und

Hochschullehrer an der Münchner Universität. Sie besaßen nicht die Macht der Armeeführer, sie waren keine Apostel einer mächtigen Ideologie, sie hatten keinen besonderen Zugang zu Informationen über die Verbrechen des Staates, in dem sie lebten, als alle anderen Bürger. Aber ihr Gewissen empörte sich, und sie schwiegen nicht. Mit einer Sprachkraft, die an den hundert Jahre vorher verfaßten »Hessischen Landboten« des jungen Georg Büchner erinnert, schrieben sie ihre aufrüttelnden Flugblätter. Es sind Texte wider die Gleichgültigkeit und den moralischen Verfall ihres Volkes. Vergeblich und doch unvergeßlich. Von einem hohen christlichen Mut getragen, sind die Geschwister Scholl und ihre Gefährten durch ihren Aufstand zu wirklichen »Helden« der Geschichte geworden. Sie zahlten für ihren unbeugsamen Gewissensmut mit ihrem Leben.

Das Durchbrechen des Schweigens, das die Mitglieder der »Weißen Rose« 1943 auf sich nahmen, ist nicht vergessen worden. Aber ihr Handeln muß für die heutige deutsche Demokratie mehr sein als nur eine respektvolle Verbeugung vor einer bewunderungswürdigen Tat. Hildegard Hamm-Brücher spricht in ihrem Essay von dem »Vermächtnis für unsere Zeit«, das uns die »Weiße Rose« hinterlassen hat. Zivilcourage, Toleranz, Aufbegehren gegen autoritäre Gesellschaftsstrukturen, Sicheinmischen des Bürgers in die öffentlichen Belange – dies sind Tugenden, ohne die ein demokratisch verfaßter Staat verkümmert.

Ausländerfeindlichkeit, neonazistische Agitation, Brandanschläge auf Synagogen, Schändung jüdischer Friedhöfe, Republikverdrossenheit einer wachsenden Zahl von Bürgern, Entsolidarisierung der Gesellschaft,

Anpassungsmentalitäten unserer risikoscheuen und fraktionsabhängigen Parlamentsvertreter – es ist wieder vieles faul im Staate. Die streitbare Demokratin Hildegard Hamm-Brücher fordert uns alle auf, »den Mantel der Gleichgültigkeit zu zerreißen«, denn eine Republik lebt nicht nur von ihren Parlamenten und Institutionen, sondern sie erfüllt ihre Pflicht und sichert ihre freiheitliche Zukunft vor allem im Engagement ihrer Bürger für das Gemeinwesen. Das ist das Vermächtnis, das die »Weiße Rose« uns Heutigen hinterlassen hat. In Jahren der Orientierungslosigkeit und der tiefergehenden gesellschaftlichen Umbrüche auf das beispielhafte Verhalten einer kleinen Gruppe in einer lebensbedrohlichen Zeit hinzuweisen ist offensichtlich besonders notwendig.

»Entscheidet Euch, eh' es zu spät ist!« heißt es in einem der Flugblätter, die Sophie und Hans Scholl, Willi Graf, Christoph Probst, Alexander Schmorell und Kurt Huber in München verbreiteten. Es gibt keine Zeit und keine Gesellschaftssysteme, die nicht von jedem die richtige Entscheidung fordern. Sie kann nur heißen: Die Würde des Menschen ist unantastbar. Wie würden wohl heute die Mitglieder der »Weißen Rose« reagieren, wenn sie von Überfällen auf Ausländer, den Abschiebegefängnissen für Flüchtlinge, dem wachsenden Gefälle zwischen Reichtum und Armut in der Welt, der ins Totale abgleitenden Anbetung des Materiellen erfahren würden?

Wilhelm von Sternburg

Zu diesem Buch

1.

Dieses kleine Buch ist aus einer Vorlesung entstanden, die ich am 19. Februar 1997 in der Münchner Universität zum Gedenken an den Opfertod der Münchner Studenten der *»Weißen Rose«* im Jahre 1943 gehalten habe.

E n t s t a n d e n , das heißt, ich habe diese Vorlesung für die nun vorliegende Buchform nicht nur quantitativ von dreißig auf etwa hundert Seiten verlängert – unter dem Eindruck ihrer großen Resonanz und vieler Rückfragen habe ich sie auch thematisch erweitert und vertieft: Aus einer *politischen Vorlesung* ist ein *politischer Essay* geworden, aus dem vor über 3 000 (meist jungen) Hörerinnen und Hörern gesprochenen Wort die für unbekannte Leserinnen und Leser festgeschriebene Botschaft.

Dennoch: Die grundlegenden Intentionen und Nachfragen sind unverändert geblieben. Ich leite sie aus zwei Flugblatt-Texten ab, die ich als Vermächtnis des Widerstands der Studenten der *»Weißen Rose«* verstehe und deshalb auch diesem Buch voranstelle:

»Aber aus Liebe zu kommenden Generationen muß nach Beendigung des Krieges ein Exempel statuiert werden, daß niemand auch nur die geringste Lust je verspüren sollte, Ähnliches aufs neue zu versuchen.«

(Aus dem Vierten Flugblatt)

»Zerreißt den Mantel der Gleichgültigkeit, den Ihr um Euer Herz gelegt! Entscheidet Euch, eh' es zu spät ist!«

(Aus dem Fünften Flugblatt)

Diese kühnen Visionen, in der dunkelsten Zeit unserer deutschen Geschichte anfang der 40er Jahre entstanden, haben die Verfasser der Flugblätter mit dem Opfertod bezeugt. Welch eine Herausforderung für die Überlebenden damals und für die heute Lebenden . . .

In diesem Buch möchte ich der Frage nachgehen, ob und in welcher Weise wir dieses Vermächtnis und seine Forderungen in der Nach-Hitler-Zeit erfüllt haben, welche *»Exempel«* wir, die Überlebenden und Erben der NS-Zeit, beim Aufbau und der Gestaltung unseres freiheitlichen Gemeinwesens *»statuiert« und ob wir »den Mantel der Gleichgültigkeit«* zerissen haben.

Diese Fragestellungen verstehe ich als Herausforderung für uns, die wir das Glück haben, in einer freiheitlichen und rechtsstaatlichen Demokratie zu leben. Ihnen nachzugehen führt uns in ein noch wenig aufgearbeitetes, streckenweise politisch vermintes Feld, das ich mit Hilfe meiner zeitgeschichtlichen Kenntnisse und Erfahrungen *politisch* »vermessen« möchte.

Die Ergebnisse dieser »Vermessung« können und wollen keinen Anspruch auf wissenschaftliche Vollständigkeit erheben, wohl aber einen politischen Beitrag zu unserer Demokratiegeschichte leisten, der nicht schönt und glorifiziert, vielmehr nach bestem Wissen und Gewissen versucht, sowohl ihre Licht- als auch ihre Schattenseiten auszuleuchten.

2.

Wer bin ich, die ich mich mit dieser politisch brisanten Fragestellung auseinandersetzen will?

Ich bin als *Kind der totalen Unfreiheit* in der Nazidiktatur aufgewachsen, habe die Agonie der Weimarer Republik noch vage, Aufstieg und Fall des Dritten Reiches bereits bewußt miterlebt, jedoch keinen aktiven Widerstand geleistet und – überlebt. 24jährig wurde ich vom Joch der Diktatur befreit und habe mich seither – also über fünfzig Jahre – politisch engagiert.[1]

Auf meine alten Tage möchte ich nun den *Kindern und Enkeln der totalen Freiheit* über grundlegende Erfahrungen aus beiden Epochen berichten, um damit ihr politisches Interesse, das vielleicht noch vage und unentschieden nach Orientierung sucht – vielleicht schon in Resignation oder gar Negation verläuft –, zu wecken, wenn möglich zu schärfen. Dabei bin ich mir bewußt, daß weniger als 20 Prozent der heutigen Bevölkerung die Nazidiktatur noch erlebt haben und vor allem junge Menschen sich die Frage stellen, ob es überhaupt so etwas wie ein Vermächtnis des studentischen Widerstands gibt und was es nachwachsende Generationen noch angehen könnte? Ob die edle, auch heute noch emotional bewegende Tat nicht längst verjährt ist wie die Schandtaten der Nazis, gegen die die Studenten der *»Weißen Rose«* aufbegehrten?

Darauf möchte ich erwidern: Gewiß ist unsere deutsche Geschichte, die Europas und der Welt seit der Abfassung der Flugblätter fünfundfünfzig Jahre weitergegangen. Neue schreckliche Ereignisse verdrängen und überlagern die, die wir Alten noch als *Zeitzeugen* miterlebt haben. Und doch wirkt diese Geschichte und damit auch das Beispiel und die Botschaft des studentischen Widerstands immer noch und immer wieder so stark in unsere Gegenwart hinein, daß auch kein nachgeborener Deutscher davon unberührt bleiben kann.

Ich erinnere nur an zwei Ereignisse aus der politischen Jahreschronik 1996:

– an die kontroverse Diskussion über die kollektive Mitverantwortung der Deutschen an der Vertreibung und Vernichtung der deutschen und europäischen Juden, die anläßlich der Veröffentlichung von *Daniel Jonah Goldhagens* Buch »Hitlers willige Vollstrekker« monatelang die politisch interessierte Öffentlichkeit bewegte und vor allem junge Menschen zur Auseinandersetzung und Stellungnahme motivierte;

– an die mühsame und kontroverse Auseinandersetzung um die *deutsch-tschechische Aussöhnungserklärung*, die erst nach jahrelangem Störfeuer seitens der deutschen Vertriebenenverbände und tschechischer Rechts- und Linksextremisten zustande kam. Ob sie wirklich dauerhafte Früchte trägt, wird sich erweisen müssen.

Beide Beispiele – und es gibt manche mehr, von denen noch die Rede sein wird – machen deutlich, wie betroffen und kontrovers wir auch nach fünfzig Jahren um die Bewältigung unserer geschichtspolitischen Erblasten ringen, wie stark sie auch nachwachsende Generationen betreffen und wie sie davon betroffen sind. Quer durch unsere Gesellschaft zieht sich ein tiefer, bisher nicht überwundener Dissens, der andauernde Verkrampfungen und Widersprüchlichkeiten zur Folge hat: Einerseits gibt es große und glaubwürdige Anstrengungen (einer Minderheit?), die das rechte Erinnern in Gedanken, Worten und Taten glaubwürdig machen wollen, andererseits gab und gibt es rüde und apodiktische Abweisungen aller Formen der Erinnerungs- und Trauerarbeit, wie sie leider auch in Teilen des rechtskonservativen Lagers gang und gäbe sind. Dazwischen verharrt das Heer der Gleichgültigen...

Dieser fundamentale gesellschaftliche Dissens hat zu gravierenden Verspätungen geführt: Fünfzig Jahre hat es gedauert, bis der 27. Januar vom Bundespräsidenten als Gedenktag für die Opfer der NS-Verbrechen *»verordnet«* wurde, fünfzig Jahre, bis ein bayerischer Ministerpräsident zum ersten Mal das ehemalige KZ Dachau besuchte und ein Gedenkstein für die »Opfer des Widerstands« (als solcher kaum erkennbar) im Münchner Hofgarten errichtet wurde. Erst nach fünfzig Jahren wird es endlich zum Skandal, daß »Täter« oft mehr Rente erhalten als ihre »Opfer« und daß noch immer nicht alle Opfer der NS-Herrschaft mit Anstand, Würde und einer kleinen finanziellen Hilfe rehabilitiert wurden. Erst nach jahrelangem Widerstand hat der Deutsche Bundestag vor wenigen Monaten von der NS-Militärjustiz zum Tode verurteilte Deserteure rehabilitiert.

Welche Verspätungssünden sind das bis in unsere Tage!

3.

Meine Schlußfolgerung ist, daß es uns bisher nicht gelungen ist, aus dem moralischen Vermächtnis des Widerstands gegen die mörderische Nazidiktatur *verbindende und verbindliche Traditionen und Werte* abzuleiten und vorzuleben, damit sie zum lebendigen Bestandteil unserer *nationalen Identität* werden können.

Zwar haben sich im Verlaufe der Nach-Hitler-Zeit viele Menschen immer wieder um die Aufarbeitung unserer Verstrickungen, Versäumnisse und (Mit)Schuld bemüht, und sicher schärfte sich vor allem bei nachwachsenden Generationen das Bewußtsein für die weiterwirkende Erblast. Zu einem klaren nationalen Bekenntnis aber und der daraus resultierenden Verpflichtung ist es – abgesehen von einigen bewegenden Appellen, zum Beispiel in der unvergessenen Rede des damaligen Bundespräsidenten *Richard von Weizsäcker* am 8. Mai 1985 – nicht gekommen. Damals sagte er:

»Wir alle, ob schuldig oder nicht, ob alt oder jung, müssen die Vergangenheit annehmen. Wir alle sind von ihren Folgen betroffen und für sie in Haftung genommen.

Jüngere und Ältere müssen und können sich gegenseitig helfen, zu verstehen, warum es lebenswichtig ist, die Erinnerung wachzuhalten ...

Es geht nicht darum, Vergangenheit zu bewältigen. Das kann man gar nicht. Sie läßt sich ja nicht nachträglich ändern oder ungeschehen machen. Wer aber vor der Vergangenheit die Augen verschließt, wird blind für die Gegenwart. Wer sich der Unmenschlichkeit nicht

erinnern will, der wird wieder anfällig für neue Anstek-
kungsgefahren.

Wir suchen als Menschen Versöhnung. Gerade des-
halb müssen wir verstehen, daß es Versöhnung ohne
Erinnerung nicht geben kann . . .«

Die Chance eines eindeutigen festgeschriebenen Be-
kenntnisses zum Vermächtnis des Widerstandes haben
wir bei der Grundlegung Nach-Hitler-Deutschlands
zweimal versäumt: 1949 bei der Gründung und Verfas-
sungsgebung der als »Provisorium« deklarierten Bundesrepublik und 1990 nach dem »Beitritt« der DDR, als
die politisch Verantwortlichen auf den Vollzug jenes
Artikels 146 unseres Grundgesetzes[2] verzichteten, der
eine gemeinsame Verfassung und ein Referendum darüber möglich gemacht hätte. Statt dessen ließen und
lassen sie es mit der Beschwörung der reichlich diskre-
ditierten, für viele heute als unverbindlich empfun-
denen »christlich-abendländischen Tradition« be-
wenden.

An einschlägigen Gedenktagen artikulieren offizielle
Redner zwar »*Betroffenheit*«, im politischen Handeln
und Verhalten führt sie aber nur selten zu weiterfüh-
renden Konsequenzen. Deshalb ist das Vermächtnis
von Widerstand und Verfolgung nie wirklich ins Zen-
trum unseres politischen Bewußtseins gerückt. Immer
noch fehlt unserer demokratischen Kultur dieses verbindende ethische Fundament, ohne das sie – vor allem
für junge Menschen – keine Verbindlichkeit stiftet.

4.

Ist es zu all dem heute bereits zu spät? Ist es noch realistisch, das Vermächtnis der »*Weißen Rose*« zu beschwören, gar einen neuen Anlauf zu fordern, ihn zu wagen? Diese Fragen werden mir oft gestellt, und ich versuche darauf realistisch zu antworten:

Nach meiner Überzeugung sind es drei Bedingungen, die wir erfüllen müssen, um dieses verbindende ethische Fundament zu begründen:

Erstens: Wir müssen die Erinnerung an die Irrtümer, Irrwege und Verhängnisse unserer Geschichte wachhalten; wir dürfen sie in unserem politischen Denken, Reden und Handeln nicht leugnen, relativieren, verharmlosen oder verdrängen. Dies ist und bleibt für uns Nach-Hitler-Deutsche eine verpflichtende Aufgabe, die uns immer von neuem abverlangt – ich zitiere *Karl Popper* –, »*aus den Irrtümern unserer Geschichte zu lernen und ihre scheinbar sinnlose Tragik als Aufforderung zu verstehen, unser Bestes zu tun, um unsere künftige Geschichte sinnvoller zu machen*«[3].

Darin erkenne ich auch für nachwachsende Generationen den Kern ihrer Verantwortung: daß es ihnen nicht gestattet ist, sich enttäuscht über das alltägliche Erscheinungsbild unserer Demokratie, von Politik als einem »schmutzigen Geschäft« zu absentieren oder (im anderen Extrem) mit dem Anspruch auf die verantwortungsfreie »*Gnade der späten Geburt*« Politik als lukrativen Lebenszeit-Beruf ins Auge zu fassen. J e d e r junge Deutsche muß *sein Bestes tun*, dazu beizutragen, unsere Geschichte »*sinnvoller*« zu machen.

Zweitens: Demzufolge genügt es nicht, nur an Gedenktagen an das beispielhafte Verhalten und an den Opfertod der Widerstandskämpfer und die Ermordung aller Opfer des Rassenwahns zu erinnern; wir müssen ihr Vermächtnis durch unser eigenes Tun und Lassen lebendig halten. Wir dürfen nicht schulterzuckend wegsehen, wenn Mißstände offenkundig sind, Unrecht geschieht oder Menschenrechte mit Füßen getreten werden – immer dann müssen wir »*den Mantel der Gleichgültigkeit*« zerreißen.

Diese Aufforderung, unter den Bedingungen der Diktatur von den Studenten der »*Weißen Rose*« bis zur letzten Konsequenz beispielhaft vorgelebt, ist unter demokratischen Bedingungen zwar gefahrlos zu befolgen, dennoch ist dies nicht immer selbstverständlich und oft nur schwer durchzuhalten: Wer hätte im persönlichen oder gemeinschaftlichen Leben nicht schon vor diesem Dilemma gestanden?!

Opportunismus oder aufrechter Gang, wegsehen oder einmischen, einknicken oder standhaft bleiben, die Schultern zucken oder »den Mantel der Gleichgültigkeit« zerreißen?

Ich weiß sehr wohl, daß dies nicht nur ein deutsches Dilemma ist, sondern ein allgemein menschliches. Bei uns Deutschen aber hat jener unsere Herzen und Gewissen erstickende »*Mantel der Gleichgültigkeit*« zu jener Obrigkeitshörigkeit, jenem Kadavergehorsam und schließlich zu jener gewissenlosen Ignoranz geführt, die Auschwitz möglich gemacht hat, die ertrug, daß Widerstandskämpfer an Fleischerhaken aufgehängt, daß geistig und körperlich Schwache zur Euthanasie freigegeben wurden. Diese Gleichgültigkeit war es, die bekennende Christen nicht zur Regel, sondern zu Mär-

20

tyrern werden ließ und nur wenige, ganz wenige zum Widerstehen befähigte.

Deshalb ist die Bereitschaft, »*den Mantel der Gleichgültigkeit zu zerreißen*«, der zweite Prüfstein unserer Bewährung.

Drittens: Durch das eigene Verhalten und Handeln müssen wir dazu beitragen, daß sich Ähnliches wie die NS-Diktatur nie wiederholen kann und darf. Dazu zählt:

– die Stärkung der Demokratie, ihrer Funktion und Glaubwürdigkeit, politisches und gesellschaftliches Bemühen um umfassende Aufklärung und Erziehung nachwachsender Generationen und die beständige Ermutigung und Förderung junger Menschen zu einschlägigem Engagement;

– die Förderung und die Nutzbarmachung zeitgeschichtlicher Forschung;

– Standhaftigkeit bei der Auseinandersetzung mit Wiederholungstendenzen und gegen Vergessen und Verdrängen;

– Widerstand gegen offen neonazistische und rassistische Parteiungen, gegen Fremden- und Rassenhaß, bei der Leugnung der Naziverbrechen und/oder der Verunglimpfung ihrer Opfer, bei Verletzung der Rechte und/oder der Würde des Menschen.

5.

So verstand und verstehe ich die Botschaft der Studenten der »*Weißen Rose*«. So verstehe ich sie heute und für morgen. Der Vollzug ihres Vermächtnisses war, ist und bleibt Prüfstein unserer Bewährung.

Von all dem handelte meine Vorlesung und handelt dieses Buch. Ich widme es allen jungen Deutschen, die sich dieser Bewährung stellen.

München, im Juli 1997

Prolog
München 1940/45 – »Einer muß den Anfang machen«

> »Im Namen der ganzen deutschen Jugend fordern wir von dem Staat Adolf Hitlers die persönliche Freiheit, das kostbarste Gut des Deutschen zurück, um das er uns in der erbärmlichsten Weise betrogen hat.«
>
> (*Aus den »Flugblättern der Widerstandsbewegung in Deutschland«*)

1. Persönliche Erinnerungen: Studium in München

Über die Geschichte und das Schicksal der *»Weißen Rose«* gibt es eine umfangreiche Literatur.[4] Zur Einstimmung in die eigentliche Thematik meines Buches begnüge ich mich deshalb mit einer Kurzfassung und einigen persönlichen Erinnerungen:

Als ich mein Studium der Chemie[5] im Januar 1940 am Chemischen Staatsinstitut der Münchner Ludwig-Maximilians-Universität begann, war der – von Nazideutschland mit dem Überfall auf Polen entfesselte – Zweite Weltkrieg noch wenig zu spüren.

Der Feldzug gegen Polen war »siegreich« beendet, an der Westfront war alles ruhig, und wir Studienanfänger machten – wie vorgeschrieben – unsere ersten akademischen Gehversuche. Ich war froh und erleichtert, der Nazi-Zuchtanstalt für junge Frauen, genannt Reichsarbeitsdienst, den ich nach dem Abitur im Frühjahr 1939 bis Dezember abgeleistet hatte, entronnen zu sein, und stürzte mich in mein Studium und in das

Münchner Studentenleben, um politischen Pressionen und Ängsten zu entrinnen. Darüber habe ich in meiner Lebensbilanz »Freiheit ist mehr als ein Wort«[6] ausführlich berichtet. Hier nur soviel:

Sehr bald schon spürte ich, daß es unter meinen Kommilitonen (die wenigen Kommiliton*innen* schienen ohnehin »unpolitisch«) – abgesehen von einigen laut tönenden Nazis – sehr unterschiedliche weltanschauliche und religiöse Einstellungen gab, die sie nur mit größter Vorsicht andeuteten, kaum je preisgaben. So dauerte es eine Weile, bis ich genauer herausfand, wer von ihnen an den Führer und den Endsieg glaubte, wer sich tarnte und wer sich als Gegner der Nazidiktatur und des vom deutschen Zaune gebrochenen Krieges zu erkennen gab. Das waren, selbst im kleinen Kreis, sehr seltene Ausnahmen, aber sie waren es, mit denen ich nach und nach Bekanntschaft, später Freundschaft schloß.

Für diesen kleinen Kreis der sogenannten »Antis« und für mich persönlich wurde der Direktor des Chemischen Staatsinstituts, der Nobelpreisträger Geheimrat *Heinrich Wieland*, wegen seines Mutes und seiner Menschlichkeit ein starker Rückhalt und ein bleibendes Vorbild. Er war es, der meine Immatrikulation ermöglicht hatte und mich (1942) nach bestandenem Staatsexamen als Doktorandin in sein Privatlabor holte. Er war es, der 1943 den fünf verhafteten Studenten seines Instituts während ihres Prozesses in Donauwörth durch seine persönliche Anwesenheit Beistand leistete. Sein Schutz und seine Fürsprache waren es, die mir – als im Gefolge der Verhaftungen der Verfasser der Flugblätter der *»Weißen Rose«* im Februar 1943 im Institut Nachforschungen der Gestapo angestellt wurden –

Verhöre, vielleicht Schlimmeres erspart haben. Zwar wurde ich 1943 seitens der Universität exmatrikuliert, konnte aber dennoch bis Kriegsende bei *Heinrich Wieland* weiterarbeiten und meine Promotion abschließen.

Dank dieses »Schutzpatrons« und Gottes Fügung hatte ich also unglaubliches »Glück« und überlebte. Die Freude darüber war und blieb jedoch immer überschattet von der Erinnerung an den Opfertod der sechs Studenten der *»Weißen Rose«* und ihres Mentors Professor *Kurt Huber*. Deshalb stand es für mich fest, daß ich mein neugeschenktes Leben nach dem Ende der Nazidiktatur für die Ziele einsetzen wollte, für die *Sophie* und *Hans Scholl, Kurt Huber, Willi Graf, Christoph Probst, Alexander Schmorell* und *Hans Leipelt* auf dem Schafott gestorben waren. Ihr Vermächtnis hat meine politischen Überzeugungen und Einstellungen geprägt und mein politisches Denken und Handeln bestimmt.

2. Der Kreis der Studenten der »Weißen Rose«

Doch zurück in die Kriegsjahre und zu den Ereignissen, wie ich sie erlebt habe:

Anfang 1942 schleppte mich ein Student der Medizin, den ich in Bach-Konzerten im Münchner Odeon kennengelernt und dem ich bei Gesprächen über Gott und die Welt nähergekommen war, in eine Philosophievorlesung des Musikwissenschaftlers Professor *Kurt Huber*. Da trafen sich seine Freunde aus der sogenannten »Studenten-Kompanie«, die zum Medizinstudium beurlaubt waren, und wiederum deren Freunde und

Freundinnen. Es war ein lockerer Kreis, aber jeder wußte, wes Geistes Kind der andere war: Wir alle waren »dagegen«!

Weil mich meine experimentelle Doktorarbeit im Labor und über Büchern sechzig Stunden die Woche beanspruchte, waren unsere Begegnungen nicht sehr häufig. Soviel aber wurde mir klar: »Dagegen« waren sie aus unterschiedlichen Gründen – aus religiösen, philosophischen, künstlerischen Motiven oder aus jugendbewegter Opposition. Man diskutierte *Kirkegaard, Theodor Haecker, Romano Guardini, Bernanos, Claudel, Thomas von Aquin* und schwärmte für alles, was verboten oder unerwünscht war. Niemand sprach von Widerstand oder ahnte, daß so etwas überhaupt möglich wäre. Niemand begründete seine Anti-Nazi-Haltung im größeren Kreis dezidiert politisch. Das wäre lebensgefährlich gewesen!

Selbst die drei Studenten, die seit 1942 die ersten (der insgesamt sechs) Flugblätter verfaßten, ließen vor uns nichts dergleichen durchblicken. Sie wollten andere nicht gefährden. So ahnte niemand, daß sie die Verfasser der Flugblätter waren, die gelegentlich in Nischen, Toiletten und Schubladen auftauchten.

Im Sommer 1942 lag einmal eines davon halbverdeckt in der Schublade meines Labortisches. Ich habe es auf der Toilette gelesen und anschließend sofort in kleine Schnipsel zerrissen und heruntergespült. So haben wir es wohl alle gehalten – und uns damit durch Tarnung mitschuldig gemacht.

Ich hatte keine Ahnung, wer die Verfasser sein könnten. Außerdem belastete mich viel persönlicher Kummer: Im Januar 1942 hatte sich meine geliebte Großmutter, die nach den Nürnberger Rassegesetzen als Jüdin galt und bei der wir nach dem frühen Tod der Eltern wohlbehütet gelebt hatten, vor dem Abtransport nach Theresienstadt mit Schlaftabletten das Leben genommen. – Auch wir fünf Geschwister waren zusehends gefährdet. Zudem laborierte ich monatelang an einer verschleppten Lungenentzündung . . . [7]

3. Die Aktion

In den Sommer-Semesterferien 1942 wurde unser kleiner fröhlicher und allem Schönen aufgeschlossener Kreis auseinandergerissen. Wir Studentinnen mußten Fabrikarbeit leisten, die Medizinstudenten wurden in Lazarette an die Ostfront geschickt. Von dort brachten sie ganz sicher den entscheidenden politischen Impuls für ihren aktiven Widerstand zurück nach München.

Unter dem Eindruck der sich abzeichnenden Katastrophe von Stalingrad schrieben sie um die Jahreswende 1942/43 ihr letztes Flugblatt, das sie an ihre Kommilitoninnen und Kommilitonen richteten. Es wurde ein flammender Aufruf, in dem es heißt:

»Wollen wir weiter einem Dilettanten das Schicksal unserer Armeen anvertrauen? Wollen wir den niedrigen Machtinstinkten einer Parteiclique den rest der deutschen Jugend opfern?

Der Tag der Abrechnung ist gekommen, der Abrechnung unserer deutschen Jugend mit der verabscheuungswürdigsten Tyrannis . . . Im Namen der ganzen deutschen Jugend fordern wir von dem Staat Adolf Hitlers die persönliche Freiheit, das kostbarste Gut des

Deutschen zurück, um das er uns in der erbärmlichsten Weise betrogen hat.

Der deutsche Name bleibt für immer geschändet, wenn nicht die deutsche Jugend endlich aufsteht, rächt und sühnt zugleich, seine Peiniger zerschmettert und ein neues, geistiges Europa aufrichtet.«

Welch ein Bekennermut, welch eine visionäre Kraft steckt in diesen Flugblättern! In der Tat, sie sind das *»kostbarste Gut«*, das uns Nach-Hitler-Deutschen aus diesen finsteren Zeiten überliefert ist und wert ist, bewahrt zu werden.

Weitere Textauszüge sind im nächsten Kapitel nachzulesen. Sie zeugen vom anrührenden Idealismus, aber auch von der politischen Klarsicht, von dem heute schier unvorstellbaren Mut der Verfasser und ihrer Entschlossenheit, »den Anfang zu machen«.

Erst Anfang der 50er Jahre gelang es mir, alle Flugblätter im Zusammenhang nachzulesen. Damals wußte kaum jemand etwas vom Widerstand der Studenten der *»Weißen Rose«*. Bis vor kurzen war auch ungeklärt, weshalb die Stundenten sich den Namen »Weiße Rose« gaben. Denn erst in diesem Jahr war es möglich, die Gestapo-Verhörprotokolle einzusehen. Im Katalog zur Ausstellung »Die Weiße Rose«, München 1997, sind Auszüge aus diesen Protokollen veröffentlicht. Demnach sagte *Hans Scholl* kurz nach seiner Verhaftung vor der Gestapo am 20. Februar 1943 folgendes aus:

»Zurückkommend auf meine Schrift ›Die Weiße Rose‹ möchte ich auf Befragen, warum ich diesem Flugblatt gerade diese Überschrift gegeben habe, folgendes erklären: Der Name ›Die Weiße Rose‹ ist willkürlich gewählt. Ich ging von der Voraussetzung aus, daß in einer

schlagkräftigen Propaganda gewisse feste Begriffe da sein müssen, die an und für sich nichts besagen, einen guten Klang haben, hinter denen aber ein Programm steht. Es kann sein, daß ich gefühlsmäßig diesen Namen gewählt habe . . . Zu der ›Weißen Rose‹ der englischen Geschichte bestehen keine Beziehungen.«

4. Verhaftung, Verurteilung, Hinrichtung

Dieses letzte Flugblatt ließen *Hans* und *Sophie Scholl* am 18. Februar 1943 in einer tollkühnen Aktion von der Galerie in den Lichthof der Ludwig-Maximilians-Universität hinunterflattern. Es folgten die schlagartige Denunziation durch den Hausmeister, die Verhaftung und bereits am 22. Februar die Verhandlung vor dem Volksgerichtshof unter dem Vorsitz des Naziblutrichters *Roland Freisler*.

Als er während der kurzen Pro-forma-Verhandlung, die allen rechtsstaatlichen Mindestkriterien Hohn sprach, *Sophie Scholl* anbrüllte, weshalb sie, eine junge, lebensfrohe Frau von noch nicht zweiundzwanzig Jahren, lange Zeit Mitglied und »Führerin« im BDM (Bund Deutscher Mädchen), *»diese Hochverräter-Flugblätter«* verteilt habe, antwortete sie, ohne zu zögern: *»Einer muß den Anfang machen!«*

So aufrichtig und schlicht begründete sie für sich, ihren Bruder und ihre Freunde das Opfer ihres Lebens. – Dieses Zeugnis ist mir bis heute unvergeßlich. Es sollte und mußte weiterwirken!

Noch am gleichen Tag wurden *Sophie* und ihr Bruder, zusammen mit *Christoph Probst*, in München-Stadelheim hingerichtet. *Hans Scholl* starb mit dem Ruf: *»Es lebe die Freiheit!«*

Alexander Schmorells und Professor *Hubers* Hinrichtung folgten am 13. Juli, *Willi Grafs* am 12. Oktober und *Hans Leipelts* am 29. Januar 1945.

Alle starben sie, wie der Gefängnispfarrer *Karl Alt* in seinem Büchlein »Überschreiten von Grenzen«[8] berichtete, mit ungebrochenem Mut und voller Gottvertrauen. – Doch Krieg, Vernichtung und Morden gingen bis zum 8. Mai 1945 weiter.

I. Die Flugblätter der »Weißen Rose«

(Auszüge)

Nachfolgend werden Auszüge aus den Originaltexten der sechs Flugblätter der *»Weißen Rose«* aufgeführt. Auch wenn einige Passagen manchmal schwer zu lesen sind, habe ich weder eine redaktionelle noch eine orthographische Änderung vorgenommen, um die Authentizität zu bewahren. Ebenso habe ich die Kursiv-Hervorhebungen im Text dem Originaltext entnommen.

Erstes Flugblatt

Nichts ist eines Kulturvolkes unwürdiger, als sich ohne Widerstand von einer verantwortungslosen und dunklen Trieben ergebenen Herrscherclique »regieren« zu lassen. Ist es nicht so, daß sich jeder ehrliche Deutsche heute seiner Regierung schämt, und wer von uns ahnt das Ausmaß der Schmach, die über uns und unsere Kinder kommen wird, wenn einst der Schleier von unseren Augen gefallen ist und die grauenvollsten und jegliches Maß unendlich überschreitenden Verbrechen ans Tageslicht treten? Wenn das deutsche Volk schon so in seinem tiefsten Wesen korrumpiert und zerfallen ist, daß es ohne eine Hand zu regen, im leichtsinnigen Vertrauen auf eine fragwürdige Gesetzmäßigkeit der

Geschichte, das Höchste, das ein Mensch besitzt, und das ihn über jede andere Kreatur erhöht, nämlich den freien Willen, preisgibt, die Freiheit des Menschen preisgibt, selbst mit einzugreifen in das Rad der Geschichte und es seiner vernünftigen Entscheidung unterzuordnen, wenn die Deutschen so jeder Individualität bar, schon so sehr zur geistlosen und feigen Masse geworden sind, dann, ja dann verdienen sie den Untergang.

Goethe spricht von den Deutschen als einem tragischen Volke, gleich dem der Juden und Griechen, aber heute hat es eher den Anschein, als sei es eine seichte, willenlose Herde von Mitläufern, denen das Mark aus dem Innersten gesogen und nun ihres Kernes beraubt, bereit sind, sich in den Un[t]ergang hetzen zu lassen. Es scheint so – aber es ist nicht so; vielmehr hat man in langsamer, trügerischer, systematischer Vergewaltigung jeden einzelnen in ein geistiges Gefängnis gesteckt, und erst, als er darin gefesselt lag, wurde er sich des Verhängnisses bewußt. Wenige nur erkannten das drohende Verderben, und der Lohn für ihr heroisches Mahnen war der Tod. Über das Schicksal dieser Menschen wird noch zu reden sein.

Wenn jeder wartet, bis der Andere anfängt, werden die Boten der rächenden Nemesis unaufhaltsam näher und näher rücken, dann wird auch das letzte Opfer sinnlos in den Rachen des unersättlichen Dämons geworfen sein. Daher muß jeder Einzelne seiner Verantwortung als Mitglied der christlichen und abendländischen Kultur bewußt in dieser letzten Stunde sich wehren so viel er kann, arbeiten wider die Geisel der Menschheit, wider den Faschismus und jedes ihm ähnliche System des absoluten Staates. Leistet passiven Widerstand – *Widerstand* – wo immer Ihr auch seid, verhindert das Weiterlaufen dieser ateistischen Kriegsmaschine, ehe es zu spät ist, ehe die letzten Städte ein Trümmerhaufen sind, gleich Köln, und ehe die letzte Jugend des Volkes irgendwo für die Hybris eines Untermenschen verblutet ist. Vergeßt nicht, daß ein jedes Volk diejenige Regierung verdient, die es erträgt! ...

Wir bitten Sie, dieses Blatt mit möglichst vielen Durchschlägen abzuschreiben und weiter zu verteilen!

Zweites Flugblatt

Man kann sich mit dem Nationalsozialismus geistig nicht auseinandersetzen, weil er ungeistig ist. Es ist falsch, wenn man von einer nationalsozialistischen Weltanschauung spricht, denn, wenn es diese gäbe, müßte man versuchen, sie mit geistigen Mitteln zu beweisen oder zu bekämpfen – die Wirklichkeit aber bietet uns ein völlig anderes Bild: schon in ihrem ersten Keim war diese Bewegung auf den Betrug des Mitmenschen angewiesen, schon damals war sie im Innersten verfault und konnte sich nur durch die stete Lüge retten. Schreibt doch Hitler selbst in einer frühen Auflage »seines« Buches (ein Buch, das in dem übelsten Deutsch geschrieben worden ist, das ich je gelesen habe; dennoch ist es von dem Volke der Dichter und Denker zur Bibel erhoben worden): »Man glaubt nicht, wie man ein Volk betrügen muß, um es zu regieren.« Wenn sich nun am Anfang dieses Krebsgeschwür des Deutschen Volkes noch nicht allzusehr bemerkbar gemacht hatte, so nur deshalb, weil noch gute Kräfte genug am Werk waren, es zurückzuhalten. Wie es aber größer und größer wurde und schließlich mittels einer letzten gemeinen Korruption zur Macht kam, das Geschwür gleichsam aufbrach und den ganzen Körper besudelte, versteckte sich die Mehrzahl der früheren Gegner, flüchtete die deutsche Intelligenz in ein Kellerloch, um dort als Nachtschattengewächs, dem Licht und der Sonne verborgen, allmählich zu ersticken. Jetzt stehen wir vor dem Ende, jetzt kommt es darauf an, sich gegenseitig wiederzufinden, aufzuklären von Mensch zu Mensch, immer daran zu denken und sich keine Ruhe zu geben, bis auch der letzte von der äußersten Notwendigkeit seines Kämpfens wider dieses System überzeugt ist. Wenn so eine Welle des Aufruhrs durch das Land geht, wenn »es in der Luft liegt«: wenn viele mitmachen, dann kann in einer letzten, gewaltigen Anstrengung dieses System abgeschüttelt werden. Ein Ende mit Schrecken ist immer noch besser, als ein Schrecken ohne Ende.

Es ist uns nicht gegeben, ein endgültiges Urteil über den Sinn unserer Geschichte zu fällen. Aber wenn diese Katastrophe uns zum Heile dienen soll, so doch nur dadurch: Durch das Leid gereinigt zu werden, aus der tiefsten Nacht heraus das Licht zu ersehnen, sich aufzuraffen und endlich mitzuhelfen, das Joch abzuschütteln, das die Welt bedrückt.

Nicht über die Judenfrage wollen wir in diesem Blatte schreiben, keine Verteidigungsrede verfassen – nein, nur als Beispiel wollen wir die Tatsache kurz anführen, die Tatsache, daß seit der Eroberung Polens *dreihunderttausend* Juden in diesem Land auf bestialischste Art ermordet worden sind. Hier sehen wir das fürchterlichste Verbrechen an der Würde des Menschen, ein Verbrechen, dem sich kein ähnliches in der ganzen Menschengeschichte an die Seite stellen kann. Auch die Juden sind doch Menschen – man mag sich zur Judenfrage stellen wie man will – und an Menschen wurde solches verübt. Vielleicht sagt jemand, die Juden hätten ein solches Schicksal verdient; diese Behauptung wäre eine ungeheure Anmaßung; aber angenommen, es sagte jemand dies, wie stellt er sich dann zu der Tatsache, daß die gesamte polnische adelige Jugend vernichtet worden ist (Gebe Gott, daß sie es noch nicht ist!)? Auf welche Art, fragen sie, ist solches geschehen? Alle männlichen Sprößlinge aus adeligen Geschlechtern zwischen 15 und 20 Jahren wurden in Konzentrationslager nach Deutschland zu Zwangsarbeit, alle Mädchen gleichen Alters nach Norwegen in die Bordelle der SS verschleppt! Wozu wir dies Ihnen alles erzählen, da Sie es schon selber wissen, wenn nicht diese, so andere gleich schwere Verbrechen des fürchterlichen Untermenschentums? Weil hier eine Frage berührt wird, die uns alle zutiefst angeht und allen zu denken geben *muß*. Warum verhält sich das deutsche Volk angesichts all dieser scheußlichsten, menschenunwürdigsten Verbrechen so apathisch? Kaum irgendjemand macht sich Gedanken darüber. Die Tatsache wird als solche hingenommen und ad acta gelegt. Und wieder schläft das deutsche Volk in seinem dumpfen, blöden Schlaf weiter und gibt diesen faschistischen Verbrechern Mut und Gelegenheit weiterzuwüten – und diese tun es. Sollte dies ein Zeichen dafür sein, daß die Deutschen in ihren primitivsten menschlichen Gefühlen verroht sind, daß keine Saite in ihnen schrill aufschreit im Angesicht solcher Taten, daß sie in einen tödlichen Schlaf versunken sind, aus dem es kein Erwachen mehr gibt, nie, niemals? Es scheint so und ist es bestimmt, wenn der Deutsche nicht endlich aus dieser Dumpfheit auffährt, wenn er nicht protestiert, wo immer er nur kann gegen diese Verbrecherklique, wenn er mit diesen Hunderttausenden von Opfern nicht mitleidet. Und nicht nur Mitleid muß er empfinden, nein, noch viel mehr: *Mitschuld*. Denn er gibt durch sein apathisches Verhalten diesen dunklen Menschen erst die Möglichkeit, so zu handeln, er leidet diese »Regierung«, die eine so unendliche Schuld auf sich geladen hat, ja, er ist doch selbst schuld daran, daß sie überhaupt entstehen konnte! Ein jeder will sich von einer solchen Mitschuld freisprechen, ein jeder tut es und schläft dann wieder mit ruhigstem, bestem Gewissen. Aber er kann sich nicht freisprechen, ein jeder ist *schuldig, schuldig, schuldig!* . . .

Bis zum Ausbruch des Krieges war der größte Teil des deutschen Volkes geblendet, die Nationalsozialisten zeigten sich nicht in ihrer wahren Gestalt, doch jetzt, da man sie erkannt hat, muß es die einzige und höchste Pflicht, ja heiligste Pflicht eines jeden Deutschen sein, diese Bestien zu vertilgen! . . .

Wir bitten, diese Schrift mit möglichst vielen Durchschlägen abzuschreiben und weiterzuverteilen.

Drittes Flugblatt

. . . Ist euer Geist schon so sehr der Vergewaltigung unterlegen, daß ihr vergeßt, daß es nicht nur euer Recht, sondern eure *sittliche Pflicht* ist, dieses System zu beseitigen? Wenn aber ein Mensch nicht mehr die Kraft aufbringt, sein Recht zu fordern, dann muß er mit absoluter Notwendigkeit untergehen. Wir würden es verdienen, in alle Welt verstreut zu werden, wie der Staub vor dem Winde, wenn wir uns in dieser zwölften Stunde nicht aufrafften und endlich den Mut aufbrächten, der uns seither gefehlt hat. Verbergt nicht eure Feigheit unter dem Mantel der Klugheit! Denn mit jedem Tag, da ihr noch zögert, da ihr dieser Ausgeburt der Hölle nicht widersteht, wächst eure Schuld gleich einer parabolischen Kurve höher und immer höher.

Viele, vielleicht die meisten Leser dieser Blätter sind sich darüber nicht klar, wie sie einen Widerstand ausüben sollen. Sie sehen keine Möglichkeiten. Wir wollen versuchen Ihnen zu zeigen, daß ein jeder in der Lage ist, etwas beizutragen zum Sturz dieses Systems. Nicht durch individualistische Gegnerschaft, in der Art verbitterter Einsiedler, wird es möglich werden, den Boden für einen Sturz dieser »Regierung« reif zu machen oder gar den Umsturz möglichst bald herbeizuführen, sondern nur durch die Zusammenarbeit vieler überzeugter, tatkräftiger Menschen, Menschen, die sich einig sind, mit welchen Mitteln sie ihr Ziel erreichen können. Wir haben keine reiche Auswahl an solchen Mitteln, nur ein einziges steht uns zur Verfügung – der *passive Widerstand*.

Der Sinn und das Ziel des passiven Widerstandes ist,

den Nationalsozialismus zu Fall zu bringen und in diesem Kampf ist vor keinem Weg, vor keiner Tat zurückzuschrecken, mögen sie auf Gebieten liegen, auf welchen sie auch wollen. An *allen* Stellen muß der Nationalsozialismus angegriffen werden, an denen er nur angreifbar ist. Ein Ende muß diesem Unstaat möglichst bald bereitet werden – ein Sieg des faschistischen Deutschland in diesem Kriege hätte unabsehbare, fürchterliche Folgen. Nicht der militärische Sieg über den Bolschewismus darf die erste Sorge für jeden Deutschen sein, sondern die Niederlage der Nationalsozialisten. Dies muß *unbedingt* an erster Stelle stehn. Die größere Notwendigkeit dieser letzten Forderung werden wir Ihnen in einem unserer nächsten Blätter beweisen.

Und jetzt muß sich ein jeder entschiedene Gegner des Nationalsozialismus die Frage vorlegen: Wie kann er gegen den gegenwärtigen »Staat« am wirksamsten ankämpfen, wie ihm die empfindlichsten Schläge beibringen? Durch den passiven Widerstand – zweifellos. Es ist klar, daß wir unmöglich für jeden Einzelnen Richtlinien für sein Verhalten geben können, nur allgemein andeuten können wir, den Weg zur Verwirklichung muß jeder selber finden . . .

Bitte vervielfältigen und weitergeben!!!

Viertes Flugblatt

. . . Wir weisen eindrücklich darauf hin, daß die Weiße Rose nicht im Solde einer ausländischen Macht steht. Obgleich wir wissen, daß die nationalsozialistische Macht militärisch gebrochen werden muß, suchen wir

38

eine Erneuerung des schwerverwundeten deutschen Geistes von Innen her zu erreichen. Dieser Wiedergeburt muß aber die klare Erkenntnis aller Schuld, die das deutsche Volk auf sich geladen hat, und ein rücksichtsloser Kampf gegen Hitler und seine allzuvielen Helfershelfer, Parteimitglieder, Quislinge usw. vorausgehen. Mit aller Brutalität muß die Kluft zwischen dem besseren Teil des Volkes und allem, was mit dem Nationalsozialismus zusammenhängt, aufgerissen werden. Für Hitler und seine Anhänger gibt es auf dieser Erde keine Strafe, die ihren Taten gerecht wäre. Aber aus Liebe zu kommenden Generationen muß nach Beendigung des Krieges ein Exempel statuiert werden, daß niemand auch nur die geringste Lust je verspüren sollte, Ähnliches aufs neue zu versuchen. Vergeßt auch nicht die kleinen Schurken dieses Systems, merkt Euch die Namen, auf daß keiner entkomme! Es soll ihnen nicht gelingen, in letzter Minute noch nach all diesen Scheußlichkeiten die Fahne zu wechseln und so zu tun, als ob nichts gewesen wäre!

Zu Ihrer Beruhigung möchten wir noch hinzufügen, daß die Adressen der Leser der Weißen Rose nirgendwo schriftlich niedergelegt sind. Die Adressen sind willkürlich Adressbüchern entnommen.

Wir schweigen nicht, wir sind Euer böses Gewissen, die Weiße Rose läßt Euch keine Ruhe!

Bitte vervielfältigen und weitersenden!

Fünftes Flugblatt

Flugblätter der Widerstandsbewegung in Deutschland

Aufruf an alle Deutsche!

Der Krieg geht seinem sicheren Ende entgegen. Wie im Jahre 1918 versucht die deutsche Regierung, alle Aufmerksamkeit auf die wachsende U-Bootgefahr zu lenken, während im Osten die Armeen unaufhörlich zurückströmen, im Westen die Invasion erwartet wird. Die Rüstung Amerikas hat ihren Höhepunkt noch nicht erreicht, aber heute schon übertrifft sie alles in der Geschichte seither Dagewesene. Mit mathematischer Sicherheit führt Hitler das deutsche Volk in den Abgrund. *Hitler kann den Krieg nicht gewinnen, nur noch verlängern!* Seine und seiner Helfer Schuld hat jedes Maß unendlich überschritten. Die gerechte Strafe rückt näher und näher!

Was aber tut das deutsche Volk? Es sieht nicht und es hört nicht. Blindlings folgt es seinen Verführern ins Verderben. Sieg um jeden Preis, haben sie auf ihre Fahne geschrieben. Ich kämpfe bis zum letzten Mann, sagt Hitler – indes ist der Krieg bereits verloren.

Deutsche! Wollt Ihr und Eure Kinder dasselbe Schicksal erleiden, das den Juden widerfahren ist? Wollt Ihr mit dem gleichen Maße gemessen werden, wie Euer Verführer? Sollen wir auf ewig das von aller Welt gehaßte und ausgestoßene Volk sein? Nein! Darum trennt Euch von dem nationalsozialistischen Untermenschentum! Beweist durch die Tat, daß Ihr anders denkt! Ein neuer Befreiungskrieg bricht an. Der bessere Teil des Volkes kämpft auf unserer Seite. Zerreißt den Mantel der

Gleichgültigkeit, den Ihr um Euer Herz gelegt! *Entscheidet Euch, eh' es zu spät ist!*

... Nachher wird ein schreckliches, aber gerechtes Gericht kommen über die, so sich feig und unentschlossen verborgen hielten ...

Unterstützt die Widerstandsbewegung, verbreitet die Flugblätter!

Sechstes Flugblatt

Kommilitoninnen! Kommilitonen!
Erschüttert steht unser Volk vor dem Untergang der Männer von Stalingrad. Dreihundertdreißigtausend deutsche Männer hat die geniale Strategie des Weltkriegsgefreiten sinn- und verantwortungslos in Tod und Verderben gehetzt. Führer, wir danken dir!

Es gärt im deutschen Volk: Wollen wir weiter einem Dilettanten das Schicksal unserer Armeen anvertrauen? Wollen wir den niedrigen Machtinstinkten einer Parteiclique den Rest der deutschen Jugend opfern? Nimmermehr.

Der *Tag der Abrechnung ist gekommen*, der Abrechnung unserer deutschen Jugend mit der verabscheuungswürdigsten Tyrannis, die unser Volk je erduldet hat. Im Namen der ganzen deutschen Jugend fordern wir von dem Staat Adolf Hitlers die persönliche Freiheit, das kostbarste Gut des Deutschen zurück, um das er uns in der erbärmlichsten Weise betrogen hat ...

Freiheit und Ehre! Zehn lange Jahre haben Hitler und seine Genossen die beiden herrlichen deutsche Worte bis zum Ekel ausgequetscht, abgedroschen, verdreht, wie es nur Dilettanten vermögen, die die höchsten Werte einer Nation vor die Säue werfen. Was ihnen Freiheit und Ehre gilt, haben sie in zehn Jahren der Zerstörung aller materiellen und geistigen Freiheit, aller sittlichen Substanz im deutschen Volk genugsam gezeigt. Auch dem dümmsten Deutschen hat das furchtbare Blutbad die Augen geöffnet, das sie im Namen von Freiheit und Ehre der deutschen Nation in ganz Europa angerichtet haben und täglich neu anrichten. Der deutsche Name bleibt für immer geschändet, wenn nicht die deutsche Jugend endlich aufsteht, rächt und sühnt zugleich, seine Peiniger zerschmettert und ein neues, geistiges Europa aufrichtet . . .

II. Deutschland nach dem Zusammenbruch 1945 bis 1949

> »Nachher wird ein schreckliches, aber gerechtes Gericht kommen über die, so sich feig und unentschlossen verborgen hielten.«
>
> *(Aus dem Fünften Flugblatt)*

1. Niederlage oder Befreiung?

Als der Krieg am 8. Mai 1945 zu Ende war, die Nazidiktatur zusammengebrochen und ein Neuanfang greifbar nahe, da wußte kaum jemand etwas über den Widerstand gegen Hitler im allgemeinen und über das Vermächtnis der *»Weißen Rose«* im besonderen. Niemand außerhalb des Familien- und Freundeskreises kannte die Namen der Verfasser der Flugblätter.

Wir hatten uns von der NS-Diktatur nicht selbst befreit, wie es die Verfasser der Flugblätter erhofft hatten; vielmehr waren wir von unseren »Feinden« davon »erlöst« worden.[9]

Der erste und zugleich letzte Versuch einer *revolutionären Selbstbefreiung* war am 20. Juli 1944 mit dem Attentat auf Hitler gescheitert, niedergeschlagen und von braunen Henkern in blutiger Rache grausam erstickt worden.[10] Hinfort hatte es zur Selbstbefreiung aus selbstverschuldeter Tyrannei kein Konzept, keinen Mut und keine Kraft mehr gegeben.

Buchstäblich und bildlich waren wir »am Boden zerstört« und wußten nicht, wie es weitergehen sollte. Das einstige Großdeutschland war von den Siegern besetzt und in vier Zonen geteilt. Nicht wir – sie waren es, die die ersten »*Exempel statuierten*«. Sie taten es einerseits durch ziemlich rigide Maßnahmen wie *Entnazifizierung, Demontagen und Kriegsverbrecherprozesse.* Aber sie statuierten auch Exempel, die zur Demokratie ermutigen sollten, »*Reeducation*« genannt: Unter dieser Losung konnten wir alsbald in den westlichen Besatzungszonen die ersten demokratischen Gehversuche machen, konnten unsere Kommunalparlamente »*frei und geheim*« wählen, wurden zur Gründung einer freien Presse, von demokratischen Parteien, Gewerkschaften und Verbänden, zu Schul- und Hochschulreformen angeleitet und ermutigt. Unter ihrer Aufsicht wurden uns demokratische Grundrechte wie Presse-, Meinungs- und Versammlungsfreiheit gewährt, wenn nötig angeordnet. *Erkämpft* haben wir sie uns nicht![11]

2. »Siegerjustiz«?

Hatten wir wenigstens eigene politische Vorstellungen für den Aufbau eines demokratischen Gemeinwesens, und wie stand es damals um unsere eigene Einsicht und Bereitschaft, die Ursachen und das Ausmaß der Katastrophen zu erkennen, die Deutschland, das wir Deutschen über uns und über aber Millionen Menschen in Europa gebracht hatten?

Nur allmählich wurde uns bewußt, daß es auch und vor allem an uns selber lag, die Chance für einen Neuanfang zu nutzen. Doch konnte ein Neuanfang ohne persönliche Schulderkenntnis und Katharsis gelingen? Die Bereitschaft dazu hielt sich in Grenzen. Dies möchte ich durch eine persönliche Aufzeichnung aus dieser Zeit illustrieren:

»Die letzten Tage des Zweiten Weltkrieges nach der Besetzung Starnbergs sind für uns erstaunlich reibungslos verlaufen. Die ortsansässigen Nazis waren – bis auf weiteres – untergetaucht. Die Besatzer benahmen sich, entgegen aller Prognosen, korrekter, als es deutsche Sieger in besetzten Ländern im allgemeinen getan hatten.

Weniger beliebt als die wohlgenährten, chewing gum kauenden Amis in ihren properen Uniformen waren bei den Starnbergern (und nicht nur bei ihnen) die von der SS in den letzten Kriegstagen durch ganz Oberbayern gejagten ›KZler‹, die den Todesmarsch überlebt hatten – es waren herumirrende ausgemergelte Gestalten in verschlissenen Sträflingsanzügen und in ihrem Gefolge die ebenfalls ausgemergelten DPs (Displaced Persons) –, die auch Hunger hatten und sich, mit oder ohne amerikanische Hilfe, beschafften, was sie brauchten. ›Geplündert‹ wurde aber nicht nur von ihnen, sondern auch von Deutschen.

Bei der vergleichsweise wohlbehaltenen Bevölkerung überwogen aber nicht etwa Mitleid oder Schuldgefühle, sondern eine Art instinktive Abwehr, oft sogar eine kaum unterdrückte Abneigung gegen so viel lebende Anklage. Fast niemand konnte (oder wollte) ermessen, was es mit diesen Elendsgestalten auf sich hatte, was sie erlitten hatten und daß es das eigene Volk gewesen war, in dessen Namen sie von Deutschen bis zur letzten Minute vor ihrer Befreiung in den Tod getrieben werden sollten . . .«

Fünfzig Jahre sollte es dauern, bis an den Stationen

dieses Todesmarsches am Starnberger See – dank privater Bürgerinitiative – Erinnerungstafeln angebracht wurden.

In meiner Aufzeichnung fahre ich fort:

»Die deutsche Schuld war groß, aber die Scham darüber empfand zunächst nur eine Minderheit. Von Kollektivverantwortung oder gar -mitschuld wollte kaum jemand etwas wissen.

Als ich von einem amerikanischen Offizier gefragt wurde, ob ich von KZs gewußt hätte, bejahte ich dies wahrheitsgemäß.

Weshalb gaben es so wenige zu?«

Das Ausmaß der Greuel- und Schandtaten habe ich – konnte ich – allerdings nicht ermessen. Es war mir unvorstellbar und ist es bis heute.

Schon damals wurde mir allerdings klar, daß die Nachkriegszeit und jeder mögliche Neuanfang von dieser grauenhaften Last, von Scham und Verantwortung begleitet, verdüstert und beschwert sein würde.

Deshalb also habe ich die erste Zeit nach Kriegsende sehr ambivalent erlebt: einerseits die beglückende Erleichterung, überlebt und Hoffnung auf einen Neuanfang zu haben. Ja, es war wie ein Rausch! Andererseits die Ernüchterung, daß sich bei vielen Exvolksgenossen Erschütterung, Einsicht und Reue von allem Anfang in Grenzen hielten und überwiegend denen überlassen blieben, die sich persönlich nicht schuldig gemacht hatten.

Hierzu erinnere ich mich an eindrucksvolle Bekenntnisse, beispielsweise von *Eugen Kogon, Dolf Sternberger, Karl Jaspers, Walter Dirks, Wolfgang Borchert, Erich Kästner, Elisabeth Langässer, Alexander Mitscherlich* – um nur einige zu nennen.[12]

Hierzu gehören auch die politisch unbelasteten Gründer der ersten zugelassenen politischen Parteien und Gewerkschaften, die Lizenzträger von Zeitungen, Zeitschriften, Verlagen und Hörfunk. Auch die Repräsentanten der Bekennenden Kirche[13] wie *Martin Niemöller, Helmut Gollwitzer* und *Gustav Heinemann* statuierten frühzeitig ein eindrucksvolles Exempel, als sie im Oktober 1945 das sogenannte *Stuttgarter Schuldbekenntnis* verfaßten: »Wir klagen uns an«, in dem zum ersten Mal persönliche Schuld bekannt wurde. Darin heißt es:

»Durch uns ist unendliches Leid über Völker und Länder gebracht worden ... Wir klagen uns an, nicht mutiger bekannt, nicht treuer gebetet ... und nicht brennender geliebt zu haben.«

Aus heutiger Sicht mag dieses Bekenntnis ja einigermaßen »halbherzig« klingen: Welche Schuld und ihr Ausmaß werden nicht konkret benannt. Auch fehlen klare Aussagen über die Ermordung von sechs Millionen Juden, über die Vergasung Tausender geistig oder körperlich Behinderter, über Unterdrückung und Verfolgung, über Raub, Vertreibung und Kriegsverbrechen in allen von deutschen Soldaten eroberten Gebieten ... Ich denke, daß es genauere Informationen darüber so kurz nach Kriegsende noch gar nicht gab.

Aber selbst dieses unkonkrete, heute wenig mutig und überzeugend klingende Schuldbekenntnis wurde vom evangelischen Kirchenvolk keineswegs einhellig akzeptiert, ja, häufig wurde es sogar als *»Nestbeschmutzung«* denunziert. Die Gewissensfrage nach dem Anteil der eigenen Schuld, zumindest der eigenen Scham, war und blieb – bis in unsere Tage – ein sehr emotionalkontroverses Thema. Jüngstes Beispiel: Die vehemente Auseinandersetzung um *Daniel Jonah Goldhagens* Buch »Hitlers willige Vollstrecker«.

Dem Appell im Vierten Flugblatt der *»Weißen Rose«*, die *»Erneuerung des schwerverwundeten deutschen Geistes von innen her zu erreichen«* [14], kamen nur wenige Deutsche nach. Der persönliche Schock endete beim eigenen Schicksal. Die mentale Blockade gegen das bei anderen verursachte Leiden saß und sitzt tief und fest bis heute.

Ein Beispiel: Als die katholische Jugendzeitschrift »Fährmann« 1947 eine positive Würdigung der *»Weißen Rose«* und der jungen Christen unter ihnen veröffentlichen wollte, legte das Generalvikariat Freiburg sein Veto ein mit der Begründung, das Handeln der Münchner Studenten sei *»für Katholiken nicht vorbildlich«*! Ich zitiere aus dem Schreiben vom 19. Februar 1947 an die »Schriftleitung« des »Fährmann«:

»In den vorgelegten Probedrucken der März-Nummer . . . müssen wir beanstanden, daß das Opfer eines gewiß tragischen und schmerzlichen Geschickes (Christoph Probst) . . . ohne Vorbehalt als ›großes und leuchtendes Vorbild‹ hingestellt und von ihm gesagt wird, er und seine Leidensgenossen hätten ›ihr Leben hingegeben für uns alle in der Nachfolge Christi‹ . . .

Probst und seine Gesinnungsgenossen gingen in der Bekämpfung des sogenannten Dritten Reiches Wege, welche nicht im Einklang stehen mit christlichen Moralgrundsätzen . . . Denn Revolution auch gegenüber einer Regierung, welche Unrecht übt . . ., ist nicht erlaubt.«

Heinz Bollinger, ein Freund des praktizierenden Katholiken *Willi Graf*, hat bilanziert, daß Widerstand gegen die Nazidiktatur für die katholische Amtskirche bis in die Nachkriegszeit hinein als *»schwere Sünde«* galt. Es hat Jahrzehnte gedauert, bis sie sich zu einem Schuldanerkenntnis durchrang.

Oder heute: Als – wie bereits erwähnt – fünfzig Jahre später Bürger kleiner Gemeinden rund um den Starnberger See mit Gedenktafeln an die Opfer der Todesmärsche von KZlern während der letzten Kriegstage erinnern wollten, gelang dies nur gegen den erbitterten Einspruch der konservativen Bevölkerung. Es seien ja auch *»Kriminelle«* darunter gewesen, argumentierte ein Bürgermeister . . .

Und schließlich noch ein drittes aktuelles Beispiel: die Uneinsichtigkeit und Unversöhnlichkeit der – als Folge deutscher Unterdrückung und Verfolgung – nach Kriegsende aus der damaligen Tschechoslowakei vertriebenen Deutschen, die sich bis in diese Tage auf ihren Pfingsttreffen und in offiziellen Verlautbarungen artikuliert.

3. Umgang mit Schuld und Sühne

Insgesamt also waren und blieben die tatsächlichen Ansätze und Bemühungen für eine vertiefte Katharsis während der ersten Nach-Hitler-Jahre – gemessen an den Forderungen und Erwartungen der studentischen Widerstandskämpfer – unbefriedigend:

Bis auf wenige Ausnahmen, zu denen beispielhaft die von *Inge Scholl* 1946 gegründete *Ulmer Volkshochschule* mit ihrem bewußt auf *Ursachenforschung* und *geistige Erneuerung* angelegten Programm oder auch die Gründung von *Christlich-jüdischen Gesellschaften* zählen, ist es damals nicht gelungen, eine in die Breite und Tiefe wirkende Diskussion über die Frage persönlicher und kollektiver Schuld, über Scham und Verantwortung zu führen, sie auszuhalten und darüber zur Einsichtsfähigkeit und zu bleibenden Konsequenzen zu gelangen.

Das schmerzte wohl zu sehr, wollte möglichst rasch vergessen und verdrängt werden. Man wollte von der Nazizeit partout nichts mehr wissen und von den eigenen Verstrickungen schon gar nichts. Bevor noch auch nur ein Bruchteil der Verbrechen und Verbrecher aktenkundig waren, geschweige denn die Schandtaten juristisch und politisch aufgearbeitet, erschallte bereits der Ruf nach dem »*Schlußstrich*« . . . So erinnere ich mich, daß der damalige württembergische Kultusminister *Theodor Heuss* schon am ersten Volkstrauertag 1945 besorgt mahnte:

»*Das deutsche Volk hat es sich zu leicht gemacht in seiner Masse, sich in die Fesseln des Nationalsozialismus zu geben. Nun darf es sich nicht leicht machen, diese Fesseln, . . . von denen es sich nicht selber hat lösen können, nun darf es sich nicht leicht machen, die bösen Dinge wie einen wüsten Traum hinter sich zu werfen.*«[15]

Heuss war damals schon ein ziemlich einsamer und unbequemer Rufer in der Wüste unserer nicht abgetragenen ideologischen Trümmer. Und er blieb es. Nach seiner Wahl zum ersten Bundespräsidenten am 12. September 1949 mahnte er neuerlich:

»*Es ist eine Gnade des Schicksals bei Einzelmen-*

schen, daß er vergessen kann . . . Und auch für Völker ist es eine Gnade. Aber meine Sorge ist, daß manche Leute in Deutschland mit dieser Gnade Mißbrauch treiben . . . Wir dürfen es uns nicht so leicht machen, nun das zu vergessen, was in der Hitlerzeit geschehen ist.«[16]

Auch dieser und spätere Appelle gegen Vergessen und Verdrängen versandeten. Sein Bekenntnis zu den Widerstandskämpfern des 20. Juli, seine Rede zur Einweihung der Gedenkstätte im ehemaligen KZ Bergen-Belsen, seine ungezählten Mahnungen gegen Rassismus und Antisemitismus sollten unvergessen sein.[17] Trotz seiner großen Popularität gelang es auch *Heuss* nicht, die »*Zeit des Beschweigens*«, wie Zeitgeschichtler heute die 50er Jahre nennen, in seinem Sinne zu prägen. Diese begann früher, als uns guttat.

Wenn ich an diese frühen Verdrängungs- und Tabuisierungstendenzen zurückdenke, für die es zwar auch Erklärungen gibt (z. B. den Schock über das eigene Schicksal, über die eigenen schweren Verluste und Nöte, vielleicht sogar ein glaubhaftes persönliches Unschuldsbewußtsein), dann überschatten diese unguten Erinnerungen meine damaligen Glücksgefühle.

Vieles, was in den ersten Nach-Hitler-Jahren geschah oder nicht geschah – viele Chancen wurden versäumt! –, war und blieb unentschuldbar. Noch vor der Gründung der BRD gab es bei nicht wenigen Anhängern und Mitläufern der NS-Zeit auch sehr böse Reaktionen, bekundeten sie Uneinsichtigkeit in eigene Verstrickungen, beriefen sich auch in zivilen Bereichen für das eigene Verschulden und Mitmachen auf »Befehlsnotstand«: Man hatte keine andere Wahl, man *mußte* ja . . . Schon bald war niemand Nazi gewesen, keiner hatte was gewußt, niemand hatte etwas gesehen.

Das Ausmaß der schrecklichen Greueltaten, die während der Nürnberger Prozesse und ihrer Nachfolgeprozesse bekannt wurden, wurde hinter kaum noch vorgehaltener Hand (und keineswegs nur an braunen Stammtischen) als »Siegerjustiz« denunziert und abgewehrt, gelegentlich sogar verhöhnt. Das Bemühen der Alliierten, wenigstens die Hauptschuldigen für Juden- und Völkermord, für Folter und Grausamkeiten in KZs und Vernichtungslagern, für Mord und Terror an Frauen und Kindern in den besetzten Ländern, für die Massenvernichtung angeblich »unwerten Lebens«, für Menschenrechtsverbrechen der Industrie und die grausamen medizinischen Experimente an lebenden Menschen zur Rechenschaft zu ziehen, fand wenig deutsche Unterstützung. Mehr als einmal war die Sympathie eher bei den Angeklagten, wovon im folgenden Kapitel berichtet werden muß.

Mit Hilfe von »Persilscheinen« erbrachte die Entnazifizierung alsbald nur noch Unschuldige, Mitläufer, Nazigegner, Judenfreunde und -helfer. Selbst schwer belastete Nazis wurden wenig später rehabilitiert und kehrten – dank guter Beziehungen oder späterer Gesetze – in ihre Positionen zurück.

»Reeducation« in Form von großzügigen Hilfen und Angeboten seitens der Amerikaner zum Aufbau demokratischer Strukturen wurden zwar akzeptiert, stießen aber auch auf Vorbehalte – wie ich zu hören bekam, als mir 1949 als junger Stadträtin ein Stipendium an einer US-Universität angeboten wurde: Das hätten wir Deutschen doch nicht nötig, uns von den ungebildeten Amis

über Demokratie und Rechtsstaatlichkeit belehren zu lassen. Dabei bemühten sie sich spätestens seit 1947 redlich, uns auch materiell auf die Beine zu helfen, sei es durch Care-Pakete gegen die Alltagsnöte, mit dem Marshall-Plan für den wirtschaftlichen Aufbau und durch großzügige Besuchs- und Stipendienangebote bis zur finanziellen Förderung von Jugend- und Ausbildungsprojekten.

Dies alles empfand ich als Exempel des guten Willens, die uns Deutschen nach den Schrecknissen der Nazizeit auf den Weg in ein freies und demokratisches Gemeinwesen helfen sollten. Waren wir aber *unsererseits* wirklich bereit – im Sinne des Vermächtnisses der Widerstandskämpfer der »*Weißen Rose*« –, Exempel zu statuieren und den Mantel der Ignoranz und Gleichgültigkeit ein für allemal zu zerreißen? Viele versuchten es. Aber es waren nicht genug, um alten und neuen Gefährdungen rückhaltlos entgegenzutreten.

Die meisten warteten ab und höhnten, wenn es ihnen nicht rasch genug wirtschaftlich bergauf ging: »Und das soll Demokratie sein . . .«

III. Das erste Jahrzehnt der Bundesrepublik: »Vergangenheitspolitik« in die falsche Richtung

> »Aber aus Liebe zu kommenden Generationen muß nach Beendigung des Krieges ein Exempel statuiert werden, daß niemand auch nur die geringste Lust je verspüren sollte, Ähnliches aufs neue zu versuchen.«
>
> *(Aus dem Vierten Flugblatt)*

1. Exempel zugunsten der Täter

Ab 1948, als wir Westdeutschen nach der Gründung der Bundesrepublik 1949 in die staatliche und politische Unabhängigkeit entlassen waren, wäre es nun an uns gewesen, aus eigener Einsicht und in eigener Verantwortung – im Sinne obigen Textes – »*Exempel zu statuieren*«. Alsbald gab es jedoch ganz andere Prioritäten: Zuerst und vor allem ging es natürlich um den *materiellen Wiederaufbau*, der, wie wir wissen, ein durchschlagender Erfolg wurde. Darüber aber blieb der *ideelle Aufräum- und Erneuerungsprozeß* so ziemlich auf der Strecke. Weil Parteien und Politiker um den »inneren Frieden« der noch auf schwachen Füßen stehenden Republik fürchteten, hatten die *Schlußstrich-Apologeten* alsbald Hochkonjunktur.

Mit Schlußstrichziehen war alles gemeint: nicht nur eine rasante *Amnestierungspolitik*, dafür mag es – vor allem hinsichtlich junger Menschen – noch mehr oder weniger plausible Gründe gegeben haben. Nein, Schlußstriche sollten auch unter die Verfolgung von NS-Verbrechen sowie unter die Verpflichtung gezogen werden, moralische Erblasten anzuerkennen, aufzuarbeiten und daraus Konsequenzen zu ziehen, zum Beispiel in Form von materieller Wiedergutmachung.

Im erstmals seit 1933 wieder frei gewählten deutschen Parlament saßen ab September 1949 etwa 15 Prozent Abgeordnete mit mehr oder weniger gravierenden NS-Belastungen.[18] Aber nicht nur sie artikulierten die Stimmung in weiten Teilen der Bevölkerung: Statt von Wiedergutmachung an den Opfern war vorerst und vor allem von *Amnestiegesetzen* auch für erheblich belastete PGs (Parteigenossen) die Rede. Bis Ende der ersten Legislaturperiode traten drei einschlägige Gesetze in Kraft. Hier ist insbesondere das sogenannte *»131er-Gesetz«* zu nennen, das allen wegen NS-Mitgliedschaften aus dem öffentlichen Dienst Entlassenen (etwa 300 000) – sie bezeichneten sich tatsächlich als »Entnazifizierungsgeschädigte« – einen Wiedereinstellungsanspruch garantierte. Des weiteren eröffnete das *Kriegsopferversorgungsgesetz* auch den schlimmsten Tätern die Berechtigung für Opfer(!)renten. Und schließlich wurde noch das sogenannte *»Straffreiheitsgesetz«* für Verbrechen während der Endphase des Krieges verabschiedet.

So hatte Anfang der 50er Jahre kaum ein Nazi noch etwas zu befürchten. Die Zeit des Verschweigens und Beschweigens brach an. Ausgenommen der Kampf um die noch unter alliierter Bewachung einsitzenden, bereits verurteilten Kriegs- und Menschenrechtsverbrecher.

Die einschlägige wissenschaftliche Literatur berichtet von einem wahren *»Gnadenfieber«*, das bald nach der Gründung der BRD Politiker, Kirchen, Zeitungen und Volkes Stimme erfaßt hatte und zu Fluten von

Petitionen, Resolutionen, Demonstrationen bis zu offiziellen Demarchen bei den nunmehr zivilen Vertretern der Sieger- und Besatzungsmächte anschwoll.

Dabei ging es um folgendes: Seit dem Sommer 1945 hatten in der *amerikanisch besetzten Zone*, abgesehen von den Nürnberger Hauptkriegsverbrecherprozessen und zwölf sogenannten Nachfolgeprozessen, vor US-Gerichten noch rund 490 weitere Prozesse mit mehr als 1600 Anklagen, überwiegend gegen ehemalige KZ-Aufseher, stattgefunden. Von ihnen waren 1 416 verurteilt worden, darunter 426 zum Tode. Bis 1949 waren 268 Todesurteile vollstreckt worden. – In der *britisch besetzten Zone* gab es rund 1 000 Verfahren und 240 Todesurteile, in der *französischen* etwa 2 100 Schuldsprüche mit 104 Todesurteilen; von der *sowjetisch besetzten Zone* gibt es bis heute noch keine exakten Zahlen (mehrere 10 000 Verurteilte werden vermutet).[19]

Um die Begnadigung der Todeskandidaten und lebenslänglich Verurteilten brach bald nach Gründung der Bundesrepublik besagtes, heute kaum noch vorstellbares »*Gnadenfieber*« aus, von dem nicht etwa nur Kirchen und gesellschaftliche Gruppen erfaßt wurden, sondern auch Politiker aller Parteien, die sich entweder aus Überzeugung engagierten oder weil sie um (rechte) Wählerstimmen fürchteten.

Besonders makaber verlief der geradezu hysterisch eskalierende Kampf um die Begnadigung des hohen SS-Führers *Otto Ohlendorf*, der für schuldig befunden worden war, 95 000 Juden »liquidiert« zu haben, und von *Oswald Pohl*, der Chef der Verwaltungsorganisation sämtlicher Konzentrationslager gewesen war.

Was sich um die Weihnachtszeit 1950 vor den alliierten Gefängnissen von Landsberg und Werl an kaum getarnter Sympathie für die beiden wegen vielfachen Mordes verurteilten NS-Täter manifestierte, hat der Zeitgeschichtler *Norbert Frei* in seinem im C. H. Beck Verlag erschienenen Buch »Vergangenheitspolitik« im Kapitel über *»die Politisierung der Kriegsverbrecherfrage 1949/50«* ausführlich und eindrucksvoll beschrieben: Der Höhepunkt dieses »vergangenheitspolitischen Dramas« *(Frei)* wurde am 7. Januar 1951 in Landsberg am Lech erreicht, als über 3 000 Menschen lautstark für die Begnadigung der zum Tode verurteilten Kriegsverbrecher demonstrierten und alle Redner die Amerikaner beschworen, die Abschaffung der Todesstrafe durch das Grundgesetz zu respektieren. In diesem Sinne tönte auch der CSU-Abgeordnete und spätere Bundesinnenminister *Richard Jäger*, der sich ansonsten zeitlebens als glühender Verfechter der Wiedereinführung der Todesstrafe betätigte.

Als 300 Gegendemonstranten aus dem benachbarten DP-Lager auftauchten, wurden ihre »Störversuche« laut »Frankfurter Allgemeine Zeitung« vom 8. Januar 1951 von der Polizei und der deutschen Bevölkerung »unterbunden«. Und dies geschah nach einem Bericht in der »Allgemeinen Wochenzeitung der Juden in Deutschland« vom 12. Januar 1951 so:

»Nachdem der Oberbürgermeister seine Rede mit den Worten begonnen hatte ›die Zeit des Schweigens ist nun vorbei‹ und anschließend die protestierenden Opfer nationalsozialistischer Verfolgung, überwiegend Juden, aufgefordert hatte, dorthin zurückzugehen, woher sie gekommen waren, haben Hunderte von Schreiern ›Juden raus‹ gebrüllt . . .«

Auch andernorts kam es vor alliierten Gefängnissen zu ähnlichen Exzessen. Darauf reagierte selbst der als überaus deutschfreundlich bekannte und beliebte amerikanische Hochkommissar *John McCloy* mit ungewohnter Heftigkeit und wachsender Verbitterung. Dennoch ließ er zur neuerlichen Überprüfung der Urteile eine US-deutsche Juristenkommission einsetzen und befürwortete, wohl auch unter dem anhaltenden Druck der öffentlichen Meinung in der Bundesrepublik, schließlich folgende Strafminderungen: Von den 20 »Lebenslänglichen«, die in Landsberg unter 102 verurteilten Häftlingen einsaßen, wurden die Strafen für 17 von ihnen auf 15 bis 20 Jahre herabgesetzt, bei dreien blieb es bei »lebenslänglich«. Von den 15 zum Tode Verurteilten wurden vier in lebenslängliche und sechs in langjährige Haftstrafen umgewandelt. – Alle Haftstrafen wurden nach wenigen Jahren weiter verkürzt oder vorzeitige Begnadigungen erwirkt. – Fünf Todesurteile wurden bestätigt, darunter waren *Oswald Pohl* und *Otto Ohlendorf*.

2. Amnestierung und Rehabilitierung

In diese vergangenheitspolitisch wenig eindeutigen Anfangsjahre, in denen das von dubiosen, aber bereits wieder einflußreichen Hintermännern geschürte Schlußstrich- und Gnadenfieber in Politik und Gesellschaft grassierte, fällt auch die Debatte über die *Wiederbewaffnung Westdeutschlands*, die gleichfalls der Schlußstrich-Mentalität zugute kam. Die einschlägigen Bundestagsdebatten (zum Beispiel vom 8. bis 14. November 1950) sprechen hierfür Bände.

Umfragen aus der ersten Nachkriegszeit belegen die überaus labile und keineswegs strikt antinazistische politische Orientierung der Westdeutschen in dieser Epoche: Laut einer Allensbach-Umfrage hielten Ende der 50er Jahre noch 57 Prozent der Deutschen »den Nationalsozialismus für eine gute Idee, die nur schlecht ausgeführt wurde«.

Folgerichtig war und blieb auch der Widerstand gegen Hitler für viele Deutsche bis weit in die 50er und 60er Jahre »Vaterlandsverrat«: Noch 1964 sprachen sich ein Drittel der Befragten in diesem Sinne gegen die Widerstandskämpfer des 20. Juli aus, 39 Prozent waren unentschieden. Nur etwa ein gutes Viertel der Deutschen bekannte sich positiv zum Recht auf Widerstand gegen die Nazidiktatur.

Zu dieser Einsicht waren Täter, Mitläufer und Sympathisanten – bis auf wenige Ausnahmen – weder bereit noch fähig, und die überlebenden Opfer des Widerstands waren (noch) nicht in der Lage, sich zu Wort zu melden. Es hat Jahrzehnte gedauert, bevor sie imstande waren, über das Erlebte zu sprechen, und noch länger hat es gedauert, bis sie darüber schreiben konnten.

So führte die »Vergangenheitspolitik« der 50er Jahre in die falsche Richtung, was nicht nur das Vertrauen des westlichen Auslands zeitweise erschütterte und die Geduld der westlichen Besatzungsmächte arg strapazierte. Auch im eigenen Lande erhoben sich nun erstmals besorgte Stimmen über die politische Destabilisierung der offenkundig noch ungefestigten deutschen Demokratie.

So hat zum Beispiel der große Philosoph *Karl Jaspers*, dem wir unter vielen anderen mahnenden Schriften auch sein Spätwerk »Wohin treibt die Bundesrepublik?« verdanken, im Jahre 1956 *die gegenwärtige Lage* so umrissen:

»Die Bundesrepublik ist entstanden aus dem Nichts dank dem Willen der bis heute schützenden Westmächte, kraft der Tüchtigkeit des arbeitenden Volkes, der Klugheit der Wirtschafts- und Finanzpolitik von Sachkundigen. Sie hat eine Weltgeltung dank der Außenpolitik Adenauers...

Und doch hat der neue Staat etwas Unheimliches, Ungewisses in sich. Das Wirtschaftswunder verschleiert die Grundfragen. Trotz allen Glanzes fühlt man sich wie auf einem Sumpfe gehend. Die Bundesrepublik hat sich noch zu bewähren, ja, als Staat sich eigentlich erst hervorzubringen.

Der Geist dieses Staates ... muß noch geboren werden. Es ist die Schicksalsfrage, ob nach der Notlösung eines nur formell gegründeten Staats eine substantielle Erneuerung dieses Staats möglich ist...

Der Staat wird eigenständig und bleibt nicht provisorisch. Das Festhalten aber an einem politischen Deutschland-Gedanken, der der Vergangenheit angehört und heute eine Illusion ist, scheint mir infolge seiner politischen Unwahrhaftigkeit das große Unheil zu sein für Deutschland selber und für das Abendland.« [20]

Genauso empfanden viele Demokraten, zu denen ich mich zählte, diese Zeit: Noch lange überwog das *»Unheimliche, das Ungewisse«*, fühlten sich Demokraten und Antinazis oft *»wie auf einem Sumpfe gehend«*.

Bundeskanzler *Konrad Adenauer* verstand es meisterhaft, die mißlichen Entwicklungen geschickt auszutarieren: Einerseits bemühte er sich – da er das Vertrauen der Alliierten besaß –, diese bei besorgten Interventionen zu beruhigen. Er versprach mehr Wachsamkeit und Gegensteuern. Andererseits war er natürlich auf den Zusammenhalt der konservativen Koalition mit der FDP und der DP (Deutsche Partei) angewiesen – beide Parteien drifteten zusehends nach rechts –, und hinsichtlich der zweiten Bundestagswahlen 1953 befürchtete er den Verlust des rechtskonservativen Wählerpotentials.

Was sich aus eben diesem Grunde damals vor und hinter den Kulissen der Bonner Politik im Wettlauf um die Wählergunst an Duckmäusertum und falscher Rücksichtnahme abspielte, ist für diese Anfangsepoche kein Ruhmesblatt in der Geschichte der Bundesrepublik. *Norbert Frei* faßt dieses Kapitel »Vergangenheitspolitik« wie folgt zusammen:

»Mit dem zweiten Straffreiheitsgesetz endete im Sommer 1954 ein vergangenheitspolitischer Entwicklungsbogen, der von der ersten Bundesamnestie 1949 über die Empfehlungen des Bundestages und die Ländergesetzgebung zum Abschluß der Entnazifizierung bis zur praktisch vollständigen Wiedereinstellung der 1945 entlassenen Beamten reichte.

Für die meisten Deutschen war damit die ihnen nach der Kapitulation aufgezwungene Auseinandersetzung mit ihrer persönlichen NS-Vergangenheit abgeschlossen. Von Staat und Justiz jedenfalls wurden sie fortan nicht mehr behelligt. Gewiß hatte sich der von außen in Gang gesetzte Versuch einer umfassenden politischen Säuberung schon unter den Augen der Militärregierungen in eine individuelle Rehabilitierung verkehrt. Aber seit Gründung der Bundesrepublik verstärkten

61

die Parteien ihre Bemühungen um die politische, soziale und mentale Integration der ehemaligen Nationalsozialisten noch einmal deutlich. Zu den wichtigsten Instrumenten dieser Integration zählte eine wirkungsvolle Amnestiepolitik, die nun an ein gewisses Ende kam: Mehr als bis dahin geschehen, und zwar auf der Basis eines bemerkenswerten Konsens der großen Parteien, war auf absehbare Zeit weder außenpolitisch vertretbar noch innenpolitisch mehrheitsfähig ...«[21]

3. Das »Gnadenfieber« und seine Folgen

Auch nach meinem Urteil liegen hier die Ursachen für die später nur mühsam und nur unter enormen politischen Anstrengungen zu korrigierenden Fehler einer weitgehend opportunistischen »*Vergangenheitspolitik*«, die vor allem »*Exempel*« zugunsten der Täter und nicht der Opfer – also in die falsche Richtung – »*statuierten*«. Diese gelangen mit Hilfe einer geschickt operierenden Phalanx von vordergründig demokratisch »gewendeten«, einstmals hell- bis tiefbraunen Mitläufern, die als »131er« – oft auf einflußreichen Posten – in den öffentlichen Dienst zurückgekehrt waren und nun als »Fachleute« und Berater für die einschlägige Gesetzgebung fungierten.

Ohne das Zusammenspiel zwischen ihnen und mit etwa gleichgesinnten Abgeordneten in Parlamentsausschüssen und Fraktionen wäre das nicht gelungen. Und nur so ist die in der ersten Legislaturperiode rasant über die parlamentarische Bühne gezogene *Amnestie-Gesetzgebung* einerseits und die Verzögerung der Wiedergutmachungsgesetzgebung andererseits zu erklären (siehe auch Kapitel IV und V). Selbst der in Opposition stehenden SPD gelang es nicht, oder sie vermochte es nicht, diesen gespenstischen Allianzen und ihrem wachsenden Einfluß Paroli zu bieten. Über die damals keimenden Gefahren der Unterwanderung und Beeinflussung demokratischer Institutionen werde ich am Beispiel meiner eigenen Partei, der FDP, später berichten.

Zuvor jedoch noch einige kritische Anmerkungen zu den Folgen der in die falsche Richtung statuierten Exempel während der ersten Jahre nach der Gründung der BRD: Ich bin überzeugt, wenn die damals politisch Verantwortlichen dem *»Gnadenfieber«* und den zielstrebig agierenden braunen Schlußstrich-Aktivisten mehr Standfestigkeit entgegengesetzt hätten, wenn sie auch nur einen Bruchteil des politischen Eifers auf die Wiedergutmachungsgesetzgebung für die Opfer des Holocaust und ihre Angehörigen, für die Rehabilitierung von Widerstandskämpfern und Opfern sozialer Verfolgung sowie für die Verurteilten der NS-Justiz verwendet hätten, wenn sie also im Sinne der Studenten der *»Weißen Rose«* eindeutige Exempel in die richtige Richtung statuiert hätten, wir hätten uns viele der bis heute immer wieder aufflammenden Kontroversen über den nachwachsenden Rechtsextremismus und Rassismus erspart, zumindest hätten wir sie rechtzeitiger, offensiver und vor allem glaubwürdiger führen können.

Und wir hätten uns eine weitere, langfristig unerfreuliche Folge zumindest teilweise ersparen können. Nämlich die bis heute immer wieder aufbrechenden Besorgnisse des westlichen Auslands, also unserer europäischen Nachbarn und Verbündeten, über ein mögliches Wiedererstarken des Rechtsextremismus im vereinten Deutschland. – Bis heute erleben wir das ziemlich regelmäßig anläßlich von Wahlerfolgen neonazistischer Parteien oder gewalttätiger Ausbrüche von Fremdenhaß und Antisemitismus. Dann lebt die schlimme Vergangenheit auf, und das Deutschlandbild in der Welt ist von bedrohlichen Schatten der Vergangenheit neuerlich getrübt.

4. Demokratie ohne Demokraten?

Ich erwähne all dies nicht, um die verlorenen Schlachten von einst aufzuwärmen. Ich berichte darüber, um meinen Leserinnen und Lesern, die von diesen politisch überaus heiklen Anfängen unserer Republik nach 1949 nichts oder fast gar nichts wissen, einen ersten, sicher nur sehr kursorischen Einblick in die labile politische Verfassung unserer ersten Nach-Hitler-Jahre zu geben, damit sie ermessen können, daß es anfangs keineswegs sicher war, ob unser zweiter Anlauf zur Demokratiewerdung erfolgreich sein würde. Ich wiederhole deshalb das Ergebnis einer Allensbach-Umfrage Ende der 50er Jahre: Noch 57 Prozent der Deutschen hielten den Nationalsozialismus für eine gute Idee, die nur schlecht ausgeführt wurde.

Diese wahrhaft beängstigende Momentaufnahme unserer damaligen politischen Verfassung führt zu der Fragestellung, weshalb sich der Übergang von der NS-Diktatur in eine Demokratie westlicher Prägung als so viel mühsamer und langwieriger erwies, als es im ersten Überschwang nach der »Befreiung« vorstellbar war. Zwar gilt die Mühsal dieses Prozesses sicher auch für andere Fälle der Überwindung einer Diktatur – wie auch die mühsame Demokratiewerdung in den ehemals kommunistischen Staaten Osteuropas nach 1989 erweist –; im Falle der Nach-Hitler-Zeit aber potenzierten sich die Widrigkeiten: Da gab es nämlich nicht nur unbelehrbare Restbestände einer bis ins bürgerliche Lager hineinreichenden, immer noch mehr oder weniger überzeugten NS-Anhängerschaft, die sich bereits Anfang der 50er Jahre in einer eigenen Partei, der Sozialistischen Reichspartei (SRP), organisierte und zudem andere rechte Splittergruppen infiltrierte, da gab es auch jene jüngere, im Nazisinne erzogene, vom Kriege geschlagene, ihrer Ideale beraubte »Ohne mich«-Generation, die sich überwiegend und noch auf Jahre jedem demokratischen Engagement verweigerte – für die Demokratie ein von den Siegern oktroyiertes Fremdwort war, dem sie skeptisch, teilweise ablehnend gegenüberstand.

Und schließlich gab es eine dritte Kategorie jener nicht wenigen Deutschen, die sich – selbst wenn sie keine Nazis, ja deren Gegner gewesen waren – deshalb lange noch nicht als überzeugte und bekennende Demokraten verstanden. Das mag damals als Folge des Traumas der gescheiterten Demokratie von Weimar zwar verständlich gewesen sein, der Entwicklung unserer Demokratie war es überaus abträglich. Man ging zwar zur Wahl und wählte demokratische Parteien, verspürte aber wenig Neigung, sich mit der noch auf wackligen Füßen stehenden Demokratie zu identifizieren, geschweige denn, sich in einer der neugegründeten Parteien oder anderswo politisch zu engagieren. Diese im Laufe der Jahrzehnte zwar geminderte, latent aber immer noch vorhandene Politikabstinenz steckt uns Deutschen – trotz erfreulich gewachsener grundsätzlicher Zustimmung zur Demokratie – nach wie vor in den Knochen: Politisch Lied war und ist ein garstig Lied und: Politik verdirbt den Charakter.

Im Gesamtspektrum unserer politischen Potentiale gab es nach 1945 natürlich auch noch die – leider viel zu wenigen – alten und jungen Deutschen, die, wie ich, erschüttert von den Schrecknissen der NS-Diktatur, entschlossen waren, *»den Mantel der Gleichgültigkeit«* zu zerreißen, *»Demokratie zu wagen«* und *»Exempel zu statuieren«.*

Ich denke, wir unterschätzten damals beides: unsere zahlenmäßige Schwäche und Unerfahrenheit und die Stärke und Erfahrung derjenigen, die nun – mehr oder weniger zu Demokraten gewendet – wieder überall in Schlüsselpositionen einrückten. So gerieten wir alsbald wieder in die Minderheit und mußten auf lange Zeit neuerlich gegen den Strom der Mehrheiten schwimmen. Erst seit den 60er Jahren hat sich das allmählich geändert.

Dieses Dilemma der (Wieder)Mächtigen und der neuerlich Ohnmächtigen spiegelt sich wider im Roman »Das Treibhaus« (1953) des 1996 in München bitterarm verstorbenen Schriftstellers *Wolfgang Koeppen* sowie im kurz vor seinem Tode veröffentlichten Roman von *Heinrich Böll* »Frauen vor Flußlandschaft« (1985). Sie kommen – trotz aller literarischer Verfremdung – der damaligen Realität sehr viel näher als viele Sachbücher.

5. Die bedrohte Demokratie: rechtsextremistische Gefährdungen und Unterwanderungsversuche

Einmal, 1952/53, war ich Zeugin und ein andermal, Anfang der 60er Jahre, war ich Betroffene des Versuches der Unterwanderung und Einflußnahme in meiner Partei durch Neo- oder Altnazis, die damals nicht nur meine Partei, sondern unsere junge Demokratie insgesamt herausforderten und bedrohten:

Wie bereits dargestellt, hatte sich der latent vorhandene Rechtsextremismus nach der Gründung der Bundesrepublik neuerlich organisiert, und – damit nicht genug – durch Infiltration kleinerer Parteien wie DP und FDP gewann er politisch an Einfluß.

Bereits kurz nach der Neugründung der FDP in den verschiedenen Besatzungszonen brach ein Dauerkonflikt über ihren Standort im Parteienspektrum auf. Namhafte FDPler empfahlen damals, die Partei als Sammelbecken für solche versprengten Nazis zu öffnen, die lernfähig und bereit seien, am Aufbau unserer Demokratie mitzuwirken. Zu diesem Ziele proklamierten sie die »Pflicht nach Rechts«.

Damit aber nicht genug! Bis 1952 hatten sich die neuen/alten Rechten auch über Landesverbände der FDP hinaus konsolidiert und bundesweit verbündet. Auf dem legendären *Emser Parteitag* im November 1952 traten sie mit einem stramm neonationalistischen »Deutschen Programm« zum Machtkampf an. Ihm wurde in aller Eile ein von Hamburger Liberalen verfaßtes »Liberales Manifest« entgegengesetzt. Im Grunde war der Bruch programmiert. Irgendwie gelang es aber nach heißen Redeschlachten (so entbot zum Beispiel das

»liberale Urgestein«, der Schwabe *Reinhold Maier*, lautstark den »schwäbischen Gruß« des Götz von Berlichingen), doch noch die Rechten zu stoppen, was diese jedoch nicht davon abhielt, weiter um Positionen und Einfluß zu kämpfen.

Was und wer genau hinter dem rechten Coup stand, das wurde nur wenige Wochen nach dem *Emser Parteitag* im Januar 1953 offenbar, als sich nach der – durch britische Sicherheitskräfte vorgenommenen – spektakulären Verhaftung von sechs ranghohen früheren NSDAP-Mitgliedern (jetzt FDP), repräsentiert durch den ehemaligen *Goebbels*-Staatssekretär *Werner Naumann* (nach dem die Affäre auch benannt wurde), herausstellte, daß es dieser braunen Seilschaft mit ihren Hintermännern und FDP-Sympathisanten (z. B. dem Düsseldorfer Rechtsanwalt und später einflußreichen MdB *Ernst Achenbach* – nach *Norbert Frei* dem »Matador der Amnestie-Bewegung« – samt seinen engsten Mitarbeitern, dem einstigen SS-Kronjuristen im Reichssicherheitshauptamt *Werner Best* und dem ehemaligen hohen Hitlerjugendführer und SS-Obersturmführer *Siegfried Zoglmann*) tatsächlich gelungen war, den Entwurf des »Deutschen Programms« zu konzipieren und dem FDP-Landesvorsitzenden von Nordrhein-Westfalen, *Friedrich Middelhauve*, schmackhaft zu machen.

Im November 1952 hatte der NS-Staatssekretär *Naumann* dazu geschrieben:

»Ob man eine liberale Partei am Ende in eine NS-Kampfgruppe umwandeln oder mit einer förderalistischen Gemeinschaft großdeutsch handeln kann, möchte ich bezweifeln, wir müssen es aber auf einen

Versuch ankommen lassen ... Gäbe es keine FDP, müßte sie noch heute gegründet werden.«[22]

Von wem dieser »Versuch« geplant und wie er seitens der britischen Sicherheitsdienste gestoppt wurde, ist bei *Norbert Frei* nachzulesen. Wegen der zeitgeschichtlichen Bedeutung zitiere ich ihn ausführlich:

»In der Nacht zum 15. Januar 1953 verhafteten britische Sicherheitsoffiziere in Düsseldorf, Solingen und Hamburg sechs zum Teil ranghohe frühere Mitglieder der NSDAP. Nach den Erkenntnissen der Besatzungsbehörden handelte es sich um die ›Rädelsführer‹ einer seit geraumer Zeit observierten Gruppe, die Pläne zur ›Wiederergreifung der Macht in Westdeutschland‹ schmiedeten. Das in London herausgegebene offizielle Kommuniqué über die Aktion nannte Namen und einstige Funktionen der Festgenommenen in offensichtlich mit Bedacht gewählter Reihenfolge: ›Dr. Werner Naumann (ehemaliger Staatssekretär im Goebbelsschen Propagandaministerium. In Hitlers Testament war Naumann zum Nachfolger Goebbels' als Reichspropagandaminister bestimmt worden); Dr. Gustav Scheel (ehemaliger Reichsstudentenführer und eine Zeitlang Gauleiter von Salzburg. In Hitlers Testament war er für den Posten des Reichskulturministers vorgesehen); Paul Zimmermann (ehemaliger SS-Brigadeführer und Beamter in der Wirtschafts- und Verwaltungsabteilung der SS, die mit der Verwaltung der Konzentrationslager im Zusammenhang stand); Dr. Heinrich Haselmayer (war mit Hitlers Münchner Putsch von 1923 verbunden und war Führer des Nationalsozialistischen Studentenbundes in Hamburg. Hat Bücher über Rassenwissenschaft und die Sterilisierung von Erbkranken her-

ausgegeben); Heinz Siepen (ehemaliger NSDAP-Orts-gruppenleiter und Landrat, jetzt Teilhaber der Punktal-Stahlwerke in Solingen); Dr. Karl Scharping (ehemaliger Beamter in der Rundfunkabteilung des Reichspropagandaministeriums).‹

Im Laufe des nächsten Tages verlängerte sich die Liste noch um den ehemaligen Gauleiter und Reichsstatthalter von Hamburg, Karl Kaufmann. Wochen später kam schließlich der frühere HJ-Gebietsführer Friedrich Karl Bornemann hinzu, jetzt Herausgeber eines in Düsseldorf erscheinenden politischen Informationsdienstes ... Zweck der Aktion, die Sir Ivone Kirkpatrick nach wochenlanger Vorbereitung mit Billigung von Außenminister Anthony Eden angeordnet hatte, war es, ›die Tätigkeit dieser Gruppe näher zu untersuchen‹ und festzustellen, inwieweit sie ›im gegenwärtigen Augenblick eine Bedrohung der Sicherheit der alliierten Streitkräfte darstellt‹. Die Briten beriefen sich mit dieser Formulierung ausdrücklich auf das Besatzungsstatut, und erläuternd setzte ihr Hoher Kommissar hinzu, die Bundesregierung wäre angesichts der von ihr zu beachtenden Gesetze und Vorschriften gar nicht in der Lage gewesen, ebenso ›entschieden und bedenkenlos zuzugreifen‹, wie man es selbst aufgrund der ›größeren Vollmachten‹ konnte. Allerdings sei der Bundeskanzler laufend über die Ermittlungen und die geplanten Maßnahmen informiert gewesen ...

Zwei Monate, bevor die Briten zugriffen, war der Name Naumann also bereits durch die Medien gegangen, und die Hinweise darauf, daß sich im Umkreis des erst seit Anfang 1950 – nach dem Amnestiegesetz – aus der Illegalität Aufgetauchten höchst dubiose Dinge taten, mehrten sich nun wöchentlich. Eine wichtige Station in diesem Prozeß war der FDP-Bundesparteitag in Bad Ems vom 20. bis 22. November 1952, aus dem der rechte Parteiflügel, geführt vom nordrhein-westfälischen Landesvorsitzenden Friedrich Middelhauve, gestärkt hervorging ... Middelhauve rückte zum stellvertretenden Parteivorsitzenden auf und verkündete eine ›Pflicht nach Rechts‹; Ziel sei die Bildung eines ›dritten Blocks‹, einer ›nationalen Sammlungsbewegung‹ aller Kräfte rechts von der CDU.

Wie zum Beweis der Ernsthaftigkeit dieses Vorhabens wurde bekannt, daß sich Middelhauve, selbst politisch nicht belastet, als seine rechte Hand ausgerechnet Wolfgang Diewerge ausgesucht hatte, einen hochdekorierten Funktionär der NSDAP, SS-Standartenführer und leitenden Propagandisten im Goebbels-Ministerium. Auch der Name des bekannten NS-Rundfunkkommentators Hans Fritzsche fand jetzt im Umkreis Middelhauves lobende Erwähnung, und klar wurde weiter, daß sich die Finanzkraft des nordrhein-westfälischen Landesverbandes nicht normalen Mitgliedsbeiträgen verdankte, sondern den Spenden von Ruhrindustriellen, insonderheit Hugo Stinnes jr.« Noch war der Öffentlichkeit nicht bekannt, *»daß zwei Redakteure des ›Deutschen Programms‹ im Anwaltsbüro des außenpolitischen Sprechers der Partei, Ernst Achenbach, saßen (Werner Best, Franz Alfred Six) und Werner Naumann sowie Hans Fritzsche ihren fachlichen Rat zu dem Entwurf gegeben hatten«.*[23]

Ein 50 Abschnitte umfassender Bericht der britischen Sicherheitsberater resümierte die »Affäre Naumann« wie folgt:

»*Als Teil der gesamten westdeutschen politischen Szene betrachtet, sei der ›Crypto-Nazismus‹ noch eine ›kleine Macht, von der man kaum sagen kann, daß sie schon jetzt eine direkte Gefährdung der Sicherheit des Grundgesetzes darstellt. Sollte sie sich jedoch allmählich und ungehindert innerhalb der größeren Rechtsparteien und Soldatenbünde weiterentwickeln‹, so könne das immer weitere und einflußreichere Kreise mit wildem und kompromißlosem Nationalismus infizieren. ›Die Förderer dieser Entwicklung sind rücksichtslose Realisten, die, einmal an der Macht, nicht zögern würden, sie gegen das gesamte Konzept der europäischen Einheit und westlichen Verteidigung einzusetzen, sollten sie der Ansicht sein, daß das in ihrem Interesse liegt. Der „Gauleiter-Kreis“ stellt eine Verschwörung gegen den Buchstaben und den Geist der Bonner Verträge von 1952 dar‹.*«[24]

Die Verhandlungen gegen die Angeklagten vor deutschen Gerichten zogen sich über Monate hin, und alle Verhafteten kamen früher oder später frei – oder mit milden Strafen davon. Dennoch: Ohne die Initiative der früheren Besatzungsmacht wäre es sicherlich nicht gelungen, dieses eindringliche Exempel zu statuieren. Nun endlich war sich die politische Öffentlichkeit der Gefahr von rechts bewußter geworden, wenn auch nicht endgültig dagegen gefeit.

Dazu ein weiteres Beispiel aus eigenem Erleben: Anfang der 60er Jahre eskalierte die planmäßige Unterwanderung der oberbayerischen FDP durch unverbesserliche Alt- und Jungnazis mit dem erklärten Ziel, den stellvertretenden Landesvorsitzenden *Otto Bezold* und mich – beide bekennende Anti-Nazis – bei den Landtagswahlen 1962 durch aussichtslose Listenplätze kaltzustellen. (Wir wurden als »Morgenthau-Söldlinge« inkriminiert.) Dank des bayerischen Landtagswahlgesetzes, das mit seiner personalisierten Zweitstimme auch schlecht plazierten Kandidaten Wahlchancen gibt und einer engagierten überparteilichen Wählerinitiative zur *»Wiederwahl der Hildegard Hamm-Brücher«* mißlang dieser Plan und machte dem braunen Spuk ein Ende. Ich wurde mit einem sensationellen persönlichen Ergebnis mit den meisten FDP-Stimmen wiedergewählt.[25]

In das düstere Kapitel politisch unzureichender Abgrenzung nach rechts gehören auch die bundesrepublikanischen Erfolgskarrieren der NS-Schreibtischtäter *Hans Globke* und *Theodor Maunz* sowie der Nazi-Aktivisten *Oberländer* und *Seebohm* und vieler anderer mehr.

Theodor Maunz, der von 1957 bis 1964 bayerischer Kultusminister war, hatte in seinen Schriften während der NS-Zeit u. a. begründet, weshalb es rechtmäßig sei, daß Juden nicht auf »arischen« Bänken sitzen oder deutsche Schwimmbäder besuchen dürften. Auch befand er wiederholt die Gestapo als rechtsstaatlich unbedenklich. Nach seinem – von mir im Sommer 1964 initiierten – Rücktritt wurde er im Bayerischen Landtag seitens der CSU mit stehenden Ovationen verabschiedet . . .[26]

Nach seinem Tod 1994 stellte sich heraus, daß er jahrelang Rechtsberater und Kommentator der rechtsextremistischen »Deutschen Nationalzeitung« gewesen war.

6. Versuche zum Schutz der jungen Demokratie

Soviel zu einigen unrühmlichen »Affären« der 50er Jahre mit Ausläufern bis weit in die 60er Jahre hinein. Die Ergebnisse der bisher vorliegenden zeitgeschichtlichen Forschung ergeben, daß in dieser Epoche, wenn überhaupt, Exempel nur in der Abwehr der schlimmsten neonazistischen Umtriebe statuiert wurden, nicht aber durch eine offensive Auseinandersetzung mit dem Nationalsozialismus, seinen Handlangern und Vollstreckern, seinen Anhängern und Sympathisanten. Deshalb möchte ich diese Epoche als »Nach-Hitler-Zeit«, nicht aber als »Anti-Hitler-Zeit« bezeichnen.

Am Beispiel der sich seit Anfang der 50er Jahre formierenden SRP (Sozialistische Reichspartei) und der zunächst nur zögerlichen Auseinandersetzung mit ihr läßt sich das exemplarisch darstellen.

Zunächst etwas zur verfassungspolitischen Ausgangslage: Das Grundgesetz sieht *drei* Möglichkeiten zur Bekämpfung bis hin zum Verbot eines wiedererstarkenden Rechts- (oder Links)extremismus vor. Die drei einschlägigen Artikel lauten:

Artikel 9 Absatz 2: »*Vereinigungen, deren Zweck oder deren Tätigkeit ... sich gegen die verfassungsmäßige Ordnung oder gegen den Gedanken der Völkerverständigung richten, sind verboten.*«

Artikel 18: »*Wer die Freiheit der Meinungsäußerung, insbesondere die Pressefreiheit ..., die Versammlungsfreiheit ..., die Vereinigungsfreiheit ... zum Kampfe gegen die freiheitliche demokratische Grundordnung mißbraucht, verwirkt diese Grundrechte. Die Verwir-*

kung und ihr Ausmaß werden durch das Bundesverfassungsgericht ausgesprochen.«

Artikel 21 Absatz 2: *»Parteien, die nach ihren Zielen oder nach dem Verhalten ihrer Anhänger darauf ausgehen, die freiheitliche demokratische Grundordnung zu beeinträchtigen oder zu beseitigen . . . sind verfassungswidrig. Über die Frage der Verfassungswidrigkeit entscheidet das Bundesverfassungsgericht.«*

Es fällt auf, und ich empfinde das bis heute als Versäumnis, daß diese wichtigen Artikel zum Schutz der jungen Demokratie vor neuem Extremismus nur als »Droh- und Verbotsknüppel« konzipiert wurden und nicht auch durch eine vorangestellte moralisch-politische Verurteilung jeder Diktatur und die Verpflichtung des deutschen Volkes und seiner Regierungen zur Wachsamkeit – gleichsam als ein konstitutives »Memento« (z. B. in der Präambel des Grundgesetzes).

Wie auch immer: Mit den drei genannten Artikeln wurden in der bald 50jährigen Geschichte der BRD nur wenige Exempel statuiert. Mit mehr oder weniger guten Gründen sind sie immer nur mit spitzen Fingern angefaßt worden.

Zum ersten erfolgreichen Testfall wurde das *Verbot der SRP 1952* durch das gerade erst installierte Bundesverfassungsgericht. Dafür war es allerhöchste Zeit, denn was sich bis zu diesem Verbot in öffentlichen Versammlungen der SRP und verwandter Gruppen abspielte, ist heute gottlob nicht mehr vorstellbar. Vergleichsweise war das demagogische Repertoire des ersten Anführers der Republikaner, *Franz Schönhuber*, in den 80er Jahren dagegen harmlos: uniformierte Saalordner, Fahnen, Marschmusik (vorzugsweise Hitlers

Lieblings-Badenweilermarsch), Auftreten früherer Nazigrößen (allesamt entnazifiziert), die als »Reichsredner« der Partei im altgewohnten Jargon vom »Führerprinzip«, von »Völkischer Gemeinschaft« sprachen und unter tobendem Beifall davon, daß *die vom Ausland bezahlten Verräter und Eidbrecher des 20. Juli zu Recht gehenkt worden«* seien. Die Bonner Politiker wurden als *»Lizenzdemokraten«* und *»Lumpen«* tituliert. Des in Landsberg hingerichteten Kriegsverbrechers *Ohlendorf* wurde wiederholt als *»Blutzeugen«* gedacht. – Fast noch schlimmer agierten Schriften und Pamphlete.

Erst als diese wüsten NS-Parolen der SRP bei den Landtagswahlen in Niedersachsen am 6. Mai 1951 über 11 Prozent der Wählerstimmen gebracht hatten und die der SRP nahestehenden anderen Rechtsparteien mindestens noch einmal soviel erhielten, erst als zu befürchten war, daß ihr Zulauf und ihre Wahlerfolge auch auf andere Bundesländer und schließlich auf die Bundestagswahlen 1953 überschwappen könnten und die Regierung um den Ruf der jungen BRD fürchten mußte, erst dann entschloß sich die Bundesregierung nach viel zu langem Zögern im November 1951, dem nun neuerlich vollerblühten Rechtsextremismus Paroli zu bieten und beim Bundesverfassungsgericht einen Verbotsantrag gemäß Artikel 21 Absatz 2 Grundgesetz zu stellen, dem ein Jahr später – samt Aberkennung aller SRP-Mandate – stattgegeben wurde.

Damit war verfassungspolitisch ein klares *»Exempel statuiert«*, demokratiepolitisch aber war die Gefahr von rechts keineswegs gebannt. Zwar erlitten die übrigen rechtsextremistischen Gruppierungen bei den nachfolgenden Wahlen Niederlagen (ihre Wähler wanderten zeitweise zu den »C«-Parteien ab), der NS-Bazillus aber starb nicht ab, sondern war und blieb virulent, organisierte sich immer wieder neu, erhielt Zulauf und brach an konkreten Konflikten neuerlich auf.

Zum Beispiel zu Beginn der 50er Jahre an der Kontroverse um den Widerstand des 20. Juli 1944, der von rechts als »*Hochverrat*« denunziert wurde. Die Widerstandskämpfer kriminalisierte man als »*Hochverräter*«. Eine neue »*Dolchstoßlegende*« grassierte bis weit in konservative Bevölkerungsschichten hinein.

In dieser Situation war es der couragierte Braunschweiger Generalstaatsanwalt *Fritz Bauer*, der mit seiner Anklage gegen den Hauptverleumder des Widerstands des 20. Juli, den ehemaligen Stadtkommandanten von Berlin, *Ernst Remer* (Zitat: »*Ich verbitte mir, mich Neonazi zu nennen. Ich war, bin und bleibe Nationalsozialist.*«), ein einmaliges, überaus wichtiges Exempel statuierte, als er gegen ihn wegen »*übler Nachrede und Verunglimpfung des Andenkens Verstorbener*« nach den Paragraphen 186 und 189 Strafgesetzbuch (StGB) Anklage erhob. Im Prozeß begründete er dies wie folgt:

»*Ich glaube, im Namen des Deutschen Volkes sollten wir dagegen protestieren und uns klar und deutlich und mit Stolz zu unseren Widerstandskämpfern bekennen, die seit dem Jahre 1933 durch die Konzentrationslager gingen und mit eisernem Willen und heißem Herzen für die Wiederherstellung der Freiheitsrechte, für die Grundrechte und Menschenrechte in Deutschland gekämpft haben.*«[27]

Bis zu diesem Zeitpunkt war vor einer breiten Öffentlichkeit noch kein so eindeutiges Bekenntnis zum Widerstand abgelegt worden.

Das Ergebnis: Das Braunschweiger Oberlandesgericht folgte dem Plädoyer *Fritz Bauers* und stellte ausdrücklich fest, daß die Männer des 20. Juli 1944 *»aus heißer Vaterlandsliebe und selbstlosem, bis zur bedenkenlosen Selbstaufopferung gehendem Verantwortungsbewußtsein gegenüber dem Volk gehandelt«* hätten. *Remer* wurde am 15. März 1952 zu drei Monaten Gefängnis verurteilt.

Damit war *Bauers* Ziel erreicht: Per Gerichtsurteil war einer neuen Hochverratslegende wenigstens ein juristischer Riegel vorgeschoben worden.

Die Bedeutung dieses Prozesses für den allfälligen Klärungsprozeß im politischen Bewußtsein der Nach-Hitler-Deutschen ist, nachträglich gesehen, gar nicht zu überschätzen.

Die Politik blieb aber weiter zögerlich: Im offiziellen Bonn wurden in den 50er Jahren wenig Exempel einer eindeutigen Vergangenheitspolitik statuiert und Bekenntnisse zu den Opfern des Widerstandes und der Verfolgung vermieden, mit Ausnahme des ersten Bundespräsidenten *Theodor Heuss*. In einer großen Rede zum 20. Juli bekannte er sich 1954 uneingeschränkt zum militärischen und zivilen Widerstand und stellte abschließend fest:

»Wir werden nicht verhindern können, daß in Hinterstuben diese oder diese Schmährede das Gedächtnis der Männer aufsucht ... Die Scham, in die Hitler uns Deutsche gezwungen hatte, wurde durch ihr Blut vom besudelten deutschen Namen wieder weggewischt ...

Das Vermächtnis ist noch in Wirksamkeit, die Verpflichtung noch nicht eingelöst.« [28]

Und als *Heuss* im November 1952 das erste »Mahnmal« im ehemaligen KZ Bergen-Belsen einweihte, sagte er:

»Ich weiß, manche meinen: War dieses Mal notwendig? ... Wir Deutschen wollen, sollen und müssen, will mir scheinen, tapfer zu sein lernen gegenüber der Wahrheit, zumal auf einem Boden, der von den Exzessen menschlicher Feigheit gedüngt und verwüstet wurde ...

Wer hier als Deutscher spricht, muß sich die innere Freiheit zutrauen, die volle Grausamkeit der Verbrechen, die hier von Deutschen begangen wurden, zu erkennen. Wer sie beschönigen oder bagatellisieren wollte oder gar mit der Berufung auf den irregegangenen Gebrauch der sogenannten ›Staatsraison‹ begründen wollte, der würde nur frech sein ...« [29]

An solchen klaren Bekenntnissen und Exempeln mangelte es – wie im folgenden Kapitel am Beispiel der Wiedergutmachungsgesetzgebung dargestellt werden soll – im politischen Bonn. Oder sie wurden – wie das auf S. 124 dieses Buches beschriebene parlamentarische Trauerspiel rund um den Staatsvertrag mit Israel 1953 zeigt – nur sehr widerwillig statuiert.

Eine Trendwende in der Vergangenheitspolitik und der von *Heuss* beschworene Mut zur Wahrheit ließen bis in die 60er Jahre auf sich warten.

IV. Exempel statuieren und den Mantel der Gleichgültigkeit zerreißen, Prüfsteine der Nach-Hitler-Zeit

> »… trennt Euch von dem nationalsozia-
> listischen Untermenschentum! Beweist
> durch die Tat, daß Ihr anders denkt! …
> Zerreißt den Mantel der Gleichgül-
> tigkeit, den Ihr um Euer Herz gelegt.«
>
> *(Aus dem Fünften Flugblatt)*

1. Die »Zeit des Beschweigens«

Die zeitgeschichtliche Forschung bezeichnet die 50er
Jahre als *»Zeit des Beschweigens«.* Zu Recht! Dumpfes
(Ver-) und (Be-)Schweigen lastete über den Gründer-
jahren der Bundesrepublik: Eltern sprachen nicht mit
ihren Kindern über ihre Verstrickungen in der NS-Zeit,
Lehrer nicht mit ihren Schülern, Politiker nicht mit
ihren Wählern.

Als Folge von Amnestiegesetzen, Begnadigungspres-
sionen, Rückkehr 100 000er sogenannter »Entnazifi-
zierungsgeschädigter« in den öffentlichen Dienst, in
die Wirtschaft, an die Universitäten und in andere Lei-
tungsfunktionen schien die Auseinandersetzung mit
den Erblasten der NS-Verbrechen und -Verstrickungen
gegen Ende der 50er Jahre ein für allemal abgeschlossen und tabuisiert. Zudem hatten der kalte Krieg seit der
Berlin-Blockade 1948/49 und der Koreakrieg 1950 das
Klima zwischen (westlichen) Siegern und (westdeutschen) Besiegten verändert: Man brauchte Deutschland
(West). Die Schaffung der Bundeswehr und die Reha-

bilitierung der Wehrmacht waren beschlossene Sache. Über die Vergangenheit, den Krieg und die ungezählten ungesühnten Nazischwerverbrechen schien Gras gewachsen zu sein. Kein einziger der Blutrichter gegen Widerstandskämpfer war zur Rechenschaft gezogen, kein Urteil gegen ihre Opfer revidiert worden. Das sollte noch Jahrzehnte dauern, bis in die 90er Jahre hinein.

So habe ich die 50er Jahre mit zornig wachsender Enttäuschung erlebt: Das Vermächtnis des deutschen Widerstandes, das Leben und Sterben der NS-Opfer schien vergebens gewesen zu sein. Es zu wecken und wachzuhalten war buchstäblich »verlorene Liebesmüh«. Von der Vergangenheit wollte man nichts mehr wissen. Schlußstriche überall!

2. Die unvollendete Wiedergutmachung

Fast ein Jahrzehnt hat es gedauert, bis es erste Anzeichen gab, daß die Rechnung der prosperierenden Schlußstrich-Lobby nicht aufgehen sollte.

Das 1953 – knapp vor Ende der ersten Legislaturperiode – mit heißer Nadel zusammengeflickte *erste Wiedergutmachungsgesetz* war ein Skandal (siehe auch S. 122 ff. dieses Buches) und mußte 1956 »nachgebessert« werden. Der Berichterstatter des zuständigen Bundestagsausschusses, Dr. *Eugen Greve*, stellte dazu fest:

»*Der Ausschuß hat mit Erschrecken und Entsetzen Entscheidungen von Entschädigungsbehörden und -gerichten zur Kenntnis genommen, in denen eine Art des Denkens zum Ausdruck kommt, die zu völligem Ver-*

*sagen, ja zum Teil in das Gegenteil der Wiedergutma-
chungsgesetzgebung führen muß . . .*

*Es ist immer davon gesprochen worden, daß es auf
den Geist ankommt, den derjenige hat, der das Gesetz
in der Praxis anwenden muß. Es kommt aber auch
darauf an, in welchem Geist wir dieses Gesetz verab-
schieden, ob wir das unlustig und unwillig tun oder ob
wir wirklich mit innerer Anteilnahme an die Verabschiedung dieses Gesetzes herangehen . . .*

*An uns ist es, diese Rechtsgrundlage zu schaffen. Wenn
wir wollen, können wir die Rechtsgrundlage dafür schaffen, daß die Opfer der nationalsozialistischen Verfolgung wenigstens in gleicher Weise versorgt werden wie
diejenigen, die sie verfolgt haben . . .*

*Ich glaube, es wäre ein Verhängnis, wenn wir uns
nicht mit aller Deutlichkeit von den Untaten, von den
Unrechtstaten absetzen, die Deutsche begangen haben.
Nicht das Vergessenwollen, sondern das Nichtverges-
senwollen ist es, was überhaupt dazu beitragen kann,
dem deutschen Namen wieder das Ansehen von einst zu
geben, damit wir wieder aufrecht durch alle Länder der
Erde schreiten können.«*[30]

1965 mußte noch einmal nachgebessert werden; dennoch haben die Opfer sozialer Verfolgung (Zwangssterilisierte, Euthanasieopfer, Sinti und Roma, Homosexuelle) oder auch Zwangsarbeiter, osteuropäische
Juden und viele andere teilweise bis heute keinen Pfen-
nig gesetzlich gesicherte »Wiedergutmachungsleistungen« bekommen. Während ehemalige Nazis und ihre
Witwen längst Pensions-Höchstsätze erhielten, gab es
für ehemalige KZ-Häftlinge pro Monat KZ-Leiden und
-Qualen ganze 150 Mark Rente: pro Tag also 5 Mark!

82

Insgesamt teile ich die Meinung eines Sachverständigen, der am Ende einer Anhörung zur Thematik »Wiedergutmachung« 1987 festgestellt hatte: *»Die Leistung der Wiedergutmachung wird sich insgesamt letztlich nicht an der Zahl der positiv entschiedenen Verfahren und auch nicht an der Höhe der Mittel, die dafür aufgewendet werden, messen lassen, sondern nicht zuletzt an der Zahl derer, die dennoch durch die Maschen gefallen sind.«*[31]

Und durch eben diese Maschen sind gerade die sozial und gesellschaftlich schwächsten Gruppen der Verfolgten gefallen.

Da gab es zum Beispiel ein Urteil des Bundesgerichtshofes aus dem Jahre 1956, in dem der Antrag von Zigeunern auf Anerkennung rassischer Verfolgung generell abgelehnt wurde mit der Begründung *»ihrer Neigung zur Kriminalität, besonders zu Diebstählen und zu Betrügereien«.* Dieses Urteil wurde zwar 1961 revidiert – dennoch blieb die grundsätzliche Anerkennung der Sinti und Roma als »rassisch Verfolgte« und damit materielle Wiedergutmachung aus.

Erst 1985 wurde gegen beträchtlichen hinhaltenden Widerstand des Finanzministers und dank einer interfraktionellen Initiative von Bundestagsabgeordneten, zu denen ich auch zählte, wenigstens ein »Härtefonds« für Euthanasieopfer und Zwangssterilisierte geschaffen, aus dem die Betroffenen auf Antrag mit einer einmaligen Leistung von 5 000 Mark für all ihre Leiden abgespeist wurden. Voraussetzung für diese »milde Gabe« war neuerliches Spießrutenlaufen der Opfer zum Amtsarzt (z. B. mußten Operationsnarben nachgewiesen werden!) und die Überwindung neuer bürokratischer Hindernisse.[32]

Es hat also lange gedauert – zu lange –, bis das ganze Ausmaß der krassen Diskrepanz der Hilfsleistungen für Täter und Opfer und der versäumten juristischen Exempel an den Schuldigen offenbar wurde. Zögernd und nur auf Druck begannen die politisch Verantwortlichen zu reagieren.

3. Der Kampf gegen ungesühnte NS-Verbrechen

Das gilt auch für die Verfolgung von NS-Verbrechen: Erst Ende der 50er Jahre, als das Ausmaß der ungeahndet gebliebenen Untaten international ruchbar und bekannt wurde, daß viele Täter unbehelligt und ungestraft unter falschem oder gar richtigem Namen unter uns lebten oder mit Hilfe ihrer Anhänger (leider wohl auch der katholischen Kirche) ins Ausland ab- und untergetaucht waren – erst als die politisch Verantwortlichen endlich erkannten, daß diese Versäumnisse nicht mit der *»Politik des Beschweigens«* und durch Amnestierung aus der Welt geschafft werden konnten, entschloß sich die Bundesregierung im Interesse des Ansehens der Bundesrepublik zu reagieren.

Die juristische Aufklärung und Aufarbeitung von NS-Verbrechen unter deutscher Verantwortung begann 1958, als auf Beschluß der Justizministerkonferenz der Länder die *Zentralstelle zur Ermittlung von NS-Verbrechen* in Ludwigsburg errichtet wurde, die – nun unter erschwerten Bedingungen – mit Ermittlungen begann. Obgleich sie zügig vorzügliche Arbeit leistete – es war bereits viel Zeit vergangen!

Bereits Anfang der 60er Jahre liefen 400 Vorermittlungsverfahren, und bis heute wurden insgesamt rund 14 000 Einzelverfahren eingeleitet. Der Bestand an Fahndungsakten beläuft sich bisher auf über 100 000 – sie sind eine schier unermeßliche Fundgrube für die zeitgeschichtliche Forschung und ein makabres Archiv der während der NS-Zeit überwiegend von Deutschen verübten Greuel und Schrecknisse.

Es war ein Wettlauf mit der Zeit! Nicht nur, daß das Jahr 1965 mit der ersten juristischen Verjährungsfrist für Mord rasch näher rückte, auch die »biologische« Verjährung – das Alter – bedrohte die Prozesse. Dies betraf vor allem die physisch und psychisch gemarterten Zeugen, die überlebt hatten. Ihr Erinnerungsvermögen hatte mit den Jahren nachgelassen, und sie waren der deutschen Sprache nicht ausreichend mächtig, was sich die Verteidiger im Umgang mit den Zeugen oft in schamloser und quälender Weise zugunsten der Entlastung der Angeklagten zunutze machten. Berichterstattungen und Dokumentarfilme über die Verhandlungen beweisen das.

Weitere Erschwernisse traten ein, als den ermittelnden Staatsanwaltschaften nicht erlaubt wurde, Belastungsmaterial in osteuropäischen Staaten einzusehen. Die damals gültige sogenannte *Hallstein-Doktrin*[33], die alle politischen und diplomatischen Kontakte zum Austausch von Informationen mit kommunistischen Staaten verbot, mußte auch von den Ermittlern befolgt werden, wodurch der Anklage kostbare Zeit und wichtiges Beweismaterial verlorenging.

Insgesamt konnten nach etwa 70 000 Ermittlungsverfahren nur noch rund 6 000 Angeklagte – zum Teil mit sehr niedrigen Strafen – rechtskräftig verurteilt werden. Zum Beispiel waren im ersten Auschwitz-Prozeß 1963 bis 1965 zunächst 24 ehemalige KZ-Bewacher wegen vielfachen Mordes und unsäglicher Grausamkeiten angeklagt. Nach zweijährigen Verhandlungen wurden schließlich nur siebzehn von ihnen verurteilt, darunter sechs zu lebenslangen Freiheitsstrafen, obgleich die Anklage sechzehnmal »Lebenslänglich« beantragt hatte.

Es folgten zahlreiche weitere Prozesse gegen Wachmannschaften in KZs und Vernichtungslagern – immer mit ähnlich »mageren« Ergebnissen.[34]

Das längste und aufwendigste Verfahren in der Geschichte der NS-Prozesse war der vor dem Schwurgericht Düsseldorf anhängige Majdanek-Prozeß. Im November 1974 und im Juli 1975 wurde gegen 17 ehemalige Angehörige des deutschen Lagerpersonals, darunter sechs Frauen, Anklage wegen Mordes und Beihilfe zum Mord erhoben. Zwei Angeklagte schieden im Laufe des Prozesses durch Krankheit und Tod aus. Vier der Angeklagten wurden freigesprochen. Die Urteile gegen die restlichen neun Angeklagten – in einem Fall Freispruch, in sieben Fällen Freiheitsstrafen zwischen drei und zwölf Jahren, in einem Fall lebenslange Freiheitsstrafe – wurden am 30. Juni 1981 verkündet, das war rund 21 Jahre nach Aufnahme der ersten Vorermittlungen und nach einer Hauptverhandlung von fünf Jahren und sieben Monaten Dauer. In einer mehrteiligen Fernsehdokumentation hat der leider viel zu früh verstorbene Journalist *Eberhard Fechner* die ganze Tragik dieser verspäteten Verfahren und die makabre Konfrontation von Tätern und Opfern festgehalten.

Insgesamt konnte in allen Verfahren nur noch ein

Bruchteil der Täter einer verdienten Strafe zugeführt werden. Kurz vor Einsetzen der Verjährungsfristen für Mord gab es noch eine Welle von Prozessen, darunter gegen frei herumlaufende hochrangige Naziverbrecher wie *Richard Baer* (Kommandant in Auschwitz nach *Höss*), *Otto Hunsche, Franz Nowak, Hermann Krumrey* (alle Mitglieder des »Eichmann-Kommandos«) oder gegen jenen unsäglichen Dr. *Otto Bradfisch*, dem 15 000 Morde an Juden und 22 000 Fälle von »Beihilfe zum Mord« nachgewiesen wurden. Etwa 30 bis 40 Verfahren sind bis heute nicht abgeschlossen, darunter auch das des früheren SS-Obersturmbannführers *Erich Priebke* – beteiligt an der Erschießung von 335 italienischen Geiseln.[35]

Trotz aller Bemühungen der Ludwigsburger Juristen und der Gerichte: alles in allem ist die juristische Bewältigung der NS-Verbrechen kein Ruhmesblatt unserer »Vergangenheitspolitik«, was wahrlich nicht allein der Justiz, sondern den von der Politik zu verantwortenden Verspätungen anzulasten ist.

4. Verjährungsfristen und Neonazis

Angesichts der ungesühnten NS-Verbrechen löste die nach unserem Strafrecht gültige *Verjährungsfrist* für Mord einen jahrelangen Wettlauf mit der Zeit aus.

Die ersten – überwiegend ablehnenden – Diskussionen darüber hatten Anfang der 60er Jahre begonnen und sich bis zur endgültigen Abschaffung der Verjährungsfrist bei Mord über drei Etappen (1965, 1969, 1979) hingezogen. Übrigens nach einer wirklich eindrucksvollen abschließenden Bundestagsdebatte am 3. Juli 1979, an der ich mich beteiligte. Dabei führte ich u. a. aus:

»Wer, wie ich, die Nachkriegszeit als junger Mensch sehr bewußt als Nach-Hitler-Zeit im Sinne der Umkehr, der Buße und des neuen Anfangs verstehen wollte, der wurde doch wohl zunächst tief enttäuscht. Ich habe darunter gelitten, daß wir nach 1945, unabhängig von einer falsch angelegten vordergründig-formalen Ent-nazifizierung, nicht entschieden genug an die Wurzeln des Übels herangegangen sind und daß der rasche materielle Aufbau den mühsamen und schmerzlichen Prozeß der überfälligen Katharsis unerlaubt abgekürzt, ja verdrängt hat...

Erst während des letzten Jahrzehnts haben wir schrittweise begonnen, uns mit den Wurzeln des nationalsozialistischen Unrechts zu beschäftigen, hierbei auch die steigende Anteilnahme der Bevölkerung gefunden...

Damit bin ich bei der jungen Generation: Ist es schon schwer, ihnen das Phänomen der Faszination des Nationalsozialismus für die meisten Deutschen der 30er Jahre zu erklären, so erweist sich die Rechtfertigung der Nachkriegsmentalität – des Vergessenwollens, des Verdrängens, der ausschließlich materiellen Befriedigung und der offenkundigen Unfähigkeit zu trauern – als noch schwieriger. Der ohnehin natürliche und immer wieder notwendige Generationskonflikt wird hier zu einer Zerreißprobe. Während früher die Söhne den oft aufgeputzten Erzählungen ihrer Väter über deren Heldentaten atemlos gelauscht hatten, erzählen heute die Väter ihren Söhnen kaum noch etwas. Sie schweigen, weil sie vieles einfach nicht erklären können. Ich meine deshalb: Wir sollten weder idealisieren noch verschweigen, wie es nach 1945 gelaufen ist . . . Wir sollten der jungen Generation reinen Wein über die Bedingungen einschenken, unter denen wir damals anfangen mußten. Wir sollten offen über unsere Bemühungen, Erfahrungen und Enttäuschungen Rechenschaft ablegen . . .

Deshalb müssen wir heute ein deutliches Zeichen setzen, einen kategorischen, einen moralischen Imperativ: Mord darf in der Welt zunehmender Menschenverachtung nicht mehr verjähren.«

Mit einem letztendlich klaren Votum des Bundestages wurde buchstäblich in letzter Minute ein eindeutiges Exempel *gegen* die Verjährung von Mord statuiert.

5. Gesellschaftliches, kirchliches, wissenschaftliches und publizistisches Engagement

»Exempel statuieren« an den Tätern, das meinte nicht nur die (verspätet aufgenommenen) Gerichtsverfahren und Wiedergutmachungsverpflichtungen gegenüber den Opfern. ·Der Auftrag, wie er im *Vierten Flugblatt* der *»Weißen Rose«* niedergelegt ist, geht ja noch sehr viel weiter. Er ist nach vorne gerichtet und lautet, *»aus Liebe zu kommenden Generationen«* dafür Sorge zu tragen, *»daß niemand auch nur die geringste Lust je verspüren sollte, Ähnliches aufs neue zu versuchen«*. Damit haben die Verfasser auf uns, die Überlebenden, so etwas wie ein »Wächteramt« übertragen: Seid wachsam, wehret neuen Anfängen, stärkt die Widerstandskraft, überwindet das Böse mit dem Guten . . .

Mit anderen Worten: Wir durften uns nicht damit genügen, die Vergangenheit rückblickend aufzuarbeiten. Die eigentliche Bewährung lag und liegt darin, aus den Irrtümern und Versäumnissen der NS-Zeit zu lernen und – vor allem anderen – für das eigene Denken und Handeln daraus Konsequenzen zu ziehen. Mit den Worten der Verfasser des *Fünften Flugblattes* lautet das so:

». . . trennt Euch von dem nationalsozialistischen Untermenschentum! Beweist durch die Tat, daß Ihr anders denkt! . . . Zerreißt den Mantel der Gleichgültigkeit, den Ihr um Euer Herz gelegt! Entscheidet Euch, eh' es zu spät ist!«

Die hartnäckigste Bewährungsprobe hierfür war, ist und bleibt die Auseinandersetzung mit alt- und neonazistischen Gruppierungen und Parteien, die sich seit dem ersten Verbot durch das Bundesverfassungsgericht 1952 ab 1964 neuerlich organisierten und diesmal als NPD firmiert auf Erfolgskurs gingen. Im November 1966 zog die Partei erstmals mit über 7 Prozent in die Landtage von Hessen und Bayern ein, bis 1969 folgten fünf weitere. Das war alarmierend!

Diesmal aber bedurfte es keines Verfassungsgerichts, um sie zu verbieten. Vor den Bundestagswahlen 1969 organisierten sich Demokraten aus allen politischen Lagern in einer *Bürgeraktion zum Schutze der Demokratie.* Zumeist junge Mitstreiter setzten sich landauf, landab in Versammlungen und Gesprächen mit NPD-Sympathisanten auseinander. Entgegen allen Umfrageergebnissen scheiterte die NPD auf Bundesebene knapp an der 5-Prozent-Hürde.

Zum ersten Mal hatten Bürger aus eigener Initiative *den Mantel der Gleichgültigkeit zerrissen* und mit ihrem Engagement ein für unser demokratisches Selbstbewußtsein ermutigendes *Exempel statuiert.*

Ab Mitte der 70er Jahre war der organisierte Neonazismus wieder von der parlamentarischen Bildfläche verschwunden (ausgenommen in Bremen), bis er sich ab Mitte der 80er Jahre zum dritten Mal in einer Partei sammelte. Diesmal angeführt von den 1983 in Bayern gegründeten »Republikanern« unter dem rechts-populistischen Demagogen *Franz Schönhuber*, der sich in überfüllten, von rechten Parolen und vom Bierdunst angeheizten Wahlkundgebungen unter brausendem Beifall stolz brüstete, bei der Waffen-SS gewesen zu sein, Juden, Ausländer und Asylanten nicht zu mögen und die demokratischen Parteien zu verachten. Besonders bei letzterem sprach er aus Erfahrung. Er hatte über die Jahre die Parteienlandschaft von ganz links bis ganz rechts durchwandert, ohne zu reüssieren.

Ihre sensationellsten Wahlergebnisse erzielte die Partei bei den bayerischen Kommunalwahlen 1986 mit 7,2 Prozent, bei den Europawahlen 1989 mit 7,1 Prozent, im gleichen Jahr errang sie bei Wahlen zum Berliner Abgeordnetenhaus 7,7 Prozent und bei den baden-württembergischen Landtagswahlen 1992 10,9 Prozent.

An dieser Stelle möchte ich – der besseren Anschaulichkeit halber – einen Text einfügen, der zeigt, wie ich damals, noch als Bundestagsabgeordnete, auf neonazistische Herausforderungen reagierte: Am 6. Oktober 1989 veröffentlichte ich unter der Überschrift *»Über den Umgang mit den REPs und ihren Sympathisanten«* im »Deutschen Allgemeinen Sonntagsblatt« folgenden Beitrag:

»Die alarmierenden Wahlergebnisse der REPs von

der Berliner- bis zur Europawahl 1989 sind infolge neuer Ereignisse zwar längst wieder aus den Schlagzeilen heraus, ihre Ursachen jedoch nicht aus der Welt. Ein gerüttelt Maß dieser Ursachen betrifft nach meiner Meinung die sogenannten ›Alt-Parteien‹, die bisher nicht willens oder nicht imstande sind, dies zu erkennen – geschweige denn, Konsequenzen im eigenen Denken und Verhalten zu ziehen.

Statt vertieftem – selbstkritischem – Nachdenken über die auch hausgemachten Ursachen für den Wählerzulauf zu den REPs verschanzen sie sich hinter fleißigen Zitatensammlungen rechtsextremistischer Kraftsprüche und allgemeinem Wehklagen. Statt zuerst und vor allem nach eigenen Versäumnissen und selbstverschuldeten Anlässen für Parteienverdrossenheit und Abkehr von den etablierten Parteien zu forschen, ziehen die (Partei)Karawanen weiter in die nächsten Wahlkämpfe, hoffend, daß Stimmenverluste die anderen treffen.

Diese ›Florians-Mentalität‹ besorgt mich sehr! Nach meiner Meinung tragen nämlich alle Parteien ein gerüttelt Maß Schuld am Anwachsen des rechtsextremistischen Wähler- und Sympathisantenpotentials und deshalb auch Mitverantwortung für seine Begrenzung und seinen Abbau. Da sind weder ›Kopf in den Sand Stecken‹, noch ›Mit dem Finger auf andere Zeigen‹ erlaubt: Das Anwachsen des rechtsextremen Wähler- und Sympathisantenpotentials geht alle Parteien an.

Die REPs sind nicht vom politischen Himmel gefallen. Ihr Erscheinen ist kein urplötzliches Ereignis, das nicht vorhersehbar, nicht erkennbar, nicht rechtzeitig greifbar gewesen wäre ... Wenn man einschlä-

gige Umfrageergebnisse seit Ende der 50er Jahre bis heute verfolgt hat: Immer lag es um die 15–20 Prozent. Die letzte große ›Sinus-Umfrage‹ von 1981 ermittelte ein rechtsextremes Wählerpotential um die 13 Prozent.

Diese Sachverhalte waren allen Parteien bekannt. Sie wurden aber so lange ignoriert, als dieses Potential in den Volksparteien (überwiegend in der CDU/CSU) aufging. Erst seitdem es sich in einem eigenständigen rechten Spektrum formiert und zu einer eigenen politischen Kraft – vielleicht sogar zu einem neuen politischen Machtfaktor – wird, beginnt das große ›Rätselraten‹.

Wie konnte es geschehen, daß aus Stimmungen Stimmen für eine neue Partei wurden?

Hier erkenne ich folgende Zusammenhänge: Da ist einmal das allen Parteien mangelnde Gespür für die Folgen der eigenen Versäumnisse und des eigenen Ansehensverlustes durch Skandale, Machtmißbrauch, Parteibuchbesetzungen, Affären, Verwilderung des politischen Streites während der letzten Jahre. Und da ist zum anderen eine allgemeine Verunsicherung, ob Parteien und ihre Repräsentanten, ob Parlamente und die dorthin gewählten Volksvertreter überhaupt noch imstande sind, mit den drängenden Problemen, mit den Existenz- und Zukunftsängsten fertig zu werden . . .

Beides trifft zusammen: die Entfremdung vom Parteiensystem und ihren verantwortlichen Repräsentanten und das dumpfe, oft diffuse ideologische Erbe aus der NS-Vergangenheit. Auf diesem Hintergrund fallen Parolen des Fremden- und Rassenhasses oder nationalsozialistischer Überheblichkeit auf fruchtbaren Boden. Die NS-Vergangenheit wird geschönt, rehabilitiert bis verherrlicht: Es sei nicht so schlimm gewesen – man habe nichts gewußt – vieles war gut – der ›Fahrkartenschalter nach Canossa‹ müsse endlich geschlossen werden – das westliche Ausland sei nur neidisch auf die Tüchtigkeit und den Wohlstand der Deutschen usw. usw.

Aus alldem ist nun ein brisantes Gemisch von Verdrossenheits-, Angst- und Rechtspotential geworden, das für die Stabilität unserer bisher um die Mitte zentrierten Demokratie bedrohlich werden kann. Wir dürfen es weder verteufeln noch bagatellisieren oder beschwichtigen, als sei dies ein Zeichen demokratischer ›Normalität‹. Mag sein, in anderen Ländern. Hierzulande – in einer vergleichsweise jungen, oft unsicheren Demokratie – gelten ganz sicher die Gebote der Wachsamkeit und der an der geschichtlichen Erfahrung geschärften Erkenntnis, den Anfängen zu wehren und dies dann auch konsequent im eigenen Denken, Reden und Verhalten offensiv zu praktizieren. ›Weimar‹ ist nicht an zu vielen Rechtsextremisten, sondern an zu wenig bekennenden Demokraten zugrunde gegangen.

Deshalb liegt es zuerst und zuletzt an den ›Alt‹-Parteien, die auf sie selber zurückgehenden Ursachen aus der Welt zu schaffen und endlich Ernst zu machen mit ihren Gelöbnissen zur Selbstreinigung, Selbstbescheidung und Verantwortung für das Ganze.

Erfolg oder Scheitern der REPs verhält sich umgekehrt proportional zum Versagen oder Bewähren der demokratischen Parteien ...«

Letzlich erwiesen sich die Abwehrkräfte in der Gesellschaft stärker als die der konservativen Parteien, die, zum Beispiel im Berliner und im hessischen Kommunalwahlkampf 1989, der Versuchung nicht wider-

standen hatten, mit offener oder latenter Fremdenfeind-
lichkeit in der Bevölkerung Wasser auf die eigenen
Wahlkampfmühlen zu lenken. Das gelang vor allem der
CSU bei den bayerischen Landtagswahlen 1990, bei
denen die Republikaner ganz knapp an der 5-Prozent-
Hürde scheiterten.

Über die Entwicklung seither werde ich im fünften
Kapitel berichten.

6. Engagement gegen Verdrängen, Vergessen, Entsorgen

Seit den 60er Jahren wurde einer zunehmenden Zahl
von Bundesbürgern bewußt, daß die Auseinandersetzung mit dem organisierten Rechtsextremismus und
seinen Parolen nicht ausreichte, um die Bürde der NS-
Vergangenheit aufzuarbeiten und abzutragen. Es mußten viele weitere *Exempel* gegen Verdrängen, Vergessen und Entsorgen der schuldbeladenen Vergangenheit
statuiert werden. Immer von neuem mußte der *Mantel
der Gleichgültigkeit zerrissen* werden.

Nach der Epoche des Schweigens und Beschweigens
wurde dies immer dringlicher. Als offenbar wurde, wie
vieles aus der Vergangenheit verdrängt worden war,
wurden die Fragen der nachwachsenden Generation an
uns, die Elterngeneration, immer bohrender. Sie setzten – auch im Gefolge der Studentenunruhen ab 1967 –
schmerzhafte, oft heftige Auseinandersetzungen und
mühsame Lernprozesse in Gang, die wiederum dazu
beitrugen, vertiefte Einsichten in das Geschehen zu gewinnen und Konsequenzen für das eigene Denken, Ver-

halten und Handeln zu ziehen. Ein vielfältiges politisches und gesellschaftliches Engagement setzte ein.

Ich berichte nun über einige solcher *Exempel*, die mir damals und heute noch als besonders bahnbrechend und vorbildlich erscheinen.

Das erste und wegen seiner innen- und außenpolitischen Wirkung brisanteste Exempel statuierte die *Kammer für Öffentliche Verantwortung* der Evangelischen Kirche Deutschland (EKD) unter Vorsitz des Tübinger Staatsrechtslehrers *Ludwig Raiser* 1965 mit der innenpolitisch heiß umstrittenen Denkschrift »Zur Lage der Vertriebenen«, auch »Oder-Neiße-Denkschrift« genannt. Mit ihr wurde erstmals die schmerzliche Notwendigkeit des Verzichts auf die früheren deutschen Ostgebiete als Zeichen der Bereitschaft zur Aussöhnung mit dem während Krieg und Besetzung von Deutschen dezimierten polnischen Volk begründet. Diese Denkschrift, die eigentlich eine *Um-Denkschrift* war, stimulierte eine leidenschaftliche politische Diskussion, mit der die Vertrags- und Entspannungspolitik der sozialliberalen Koalition Anfang der 70er Jahre ihren Anfang nahm.

Unvergessenes Symbol für die erste Etappe dieses langen Weges war, ist und bleibt jener 7. Dezember 1970, als *Willy Brandt* vor dem Mahnmal des Warschauer Ghettos kniete – eine für viele Deutsche mehr als bewegende Geste, für andere ein Ärgernis. Für mich war es ein historisches Bekenntnis, mit dem sich ein deutscher Bundeskanzler – stellvertretend für alle Deutschen guten Willens – zur Verantwortung für die deutsche Vergangenheit mit Blick auf Gegenwart und Zukunft bekannte. Welch ein Exempel!

Damit war der – von der damaligen CDU/CSU-Opposition wütend bekämpfte – Weg aufgezeigt, der zu den *Entspannungsverträgen* und 1975 zu den *Ost-West-Vereinbarungen* von Helsinki führte. Diese wiederum waren die Voraussetzung für die – dank *Gorbatschow* – ab Mitte der 80er Jahre einsetzende *Perestroika* im kommunistischen Machtbereich, die 1989 zur Beendigung des Kalten Krieges, des Ost-West-Konfliktes und zur Wiedervereinigung Deutschlands führte.

Die offizielle Regierungspolitik der Entspannung und Versöhnung wurde von vielen Bürgeraktionen mit dem gleichen Ziel unterstützt und vertieft. Bereits Mitte der 60er Jahre erfolgte die Gründung der *Aktion Sühnezeichen* und der *Arbeitsgemeinschaft Juden und Christen* auf dem Evangelischen Kirchentag, zudem entfalteten sich viele ähnliche Aktivitäten. *Alexander* und *Margarete Mitscherlich* veröffentlichten ihre Streitschrift »Über die Unfähigkeit zu trauern«, die uns half, die Ursachen für die Verdrängung und deren Folgen zu begreifen. Anläßlich der bereits erwähnten KZ-Prozesse brach bei vielen Deutschen – auch dank einer sensiblen Berichterstattung in den Medien – tiefes Erschrecken über die im Namen von Deutschen begangenen Untaten auf. Nun endlich schärfte sich das öffentliche Bewußtsein für die Mitverantwortung für das Gelingen der Demokratie.

Ungezählte Exempel wurden hierzu von Einzelnen und von Gruppen statuiert, die auch nur aufzuzählen, geschweige denn zu beschreiben den Umfang dieses kleinen Buches sprengen würde.

Deshalb greife ich nur einige heraus, an deren Verwirklichung ich direkt oder indirekt mitarbeitet habe:

Ich nenne die Errichtung von *Jugendbegegnungsstätten* in *Auschwitz, Dachau* und in *Kreisau*, am früheren Wohnsitz des Widerstandskämpfers *Helmuth Graf von Moltke*. Ich nenne die Initiativen zur Errichtung von *Mahn- und Gedenkstätten »Wider das Vergessen«*; die oft bewegenden Projekte und Beiträge von Jugendlichen in- und außerhalb von Schulen und Hochschulen, zu denen auch der Einsatz für Ausländer und Asylsuchende gehört; desgleichen das Engagement von Angehörigen und Überlebenden des studentischen und militärischen Widerstandes – stellvertretend nenne ich die Schwestern der *Geschwister Scholl* und von *Willi Graf, Inge Aicher-Scholl* und *Anneliese Knoop-Graf*; die in Schulen und Jugendorganisationen unermüdlich Aufklärungs- und Überzeugungsarbeit leisten und sich 1985 zur *»Weiße-Rose-Stiftung«* zusammenschlossen.

Aber auch Filme und Fernsehen, Wissenschaft und Literatur haben seit Ende der 60er Jahre vieles bewirkt und bewegt. Stellvertretend nenne ich die amerikanische Fernsehserie »Holocaust« von *Gerald Green*, mit der erstmals der emotionale Einbruch in die Wohnstuben deutscher Familien gelang, die eindringliche dreiteilige Serie über den Majdanek-Prozeß von *Eberhard Fechner*, die bewegenden Gespräche mit Hinterbliebenen von Widerstandskämpfern des 20. Juli, die *Irmgard von zur Mühlen* führte – und nicht zuletzt den aufwühlenden Film des polnisch-französischen Regisseurs *Claude Landsman* »Shoa« und in jüngster Zeit »Schindlers Liste« von *Steven Spielberg*.

Auch Schicksale von Emigranten wurden – beispielsweise in der Spielfilm-Dokumentation des eigenen leidvollen Erlebens von *Stefan G. Troller* (»Wohin und zurück«) – einfühlsam dargestellt. *Guido Knoop* (ZDF) und *Henri C. Wuermeling* (BR) gestalteten immer wieder verdienstvolle zeitgeschichtliche Dokumentationen.

Da das Schrifttum über die NS-Zeit schier unübersehbar geworden ist, nenne ich nur die Veröffentlichungen, die für mich seit den ersten Nachkriegsjahren und bis heute besonders wichtig waren und sind:

Es sind dies *Eugen Kogon*: »Der SS-Staat«, *Inge Aicher-Scholl*: »Die Weiße Rose«, *Günther Weisenborn*: »Der lautlose Aufstand«, *Annedore Leber*: »Das Gewissen steht auf«, *Eberhard Zeller*: »Geist der Freiheit«, *Eberhard Baethge*: »Dietrich Bonhoeffer«, außerdem natürlich das »Tagebuch der Anne Frank« und das vielgespielte *Zuckmayer*-Stück »Des Teufels General«. Später waren es *Sebastian Haffners* »Anmerkungen zu Hitler«, *Joachim Fest*: »Das Gesicht des Dritten Reiches« und *Heidecker/Leeb*: »Der Nürnberger Prozeß«. Und immer wieder die Schriften von *Elie Wiesel*.

Ich nenne hier auch die besonders bewegenden Berichte von Frauen, die vorgelebt haben, was es heißt, den Mantel der Gleichgültigkeit ungezählte Male zu zerreißen: *Cordelia Edwardson, Ruth Elias, Lisa Fittkow, Ruth Klüger, Ruth Liepman, Gerty Spies* oder die Editionen von *Inge Aicher-Scholl, Inge Jens* und *Anneliese Knoop-Graf* über ihre Geschwister, von *Freya Gräfin von Moltke* über ihren Mann und den Kreisauer Kreis.

Zu den wohl wichtigsten und eindrucksvollsten Dokumenten dieser düsteren Epoche zählen die im Aufbau-Verlag 1995 postum herausgegebenen Tagebücher 1933–1945 des Dresdner Romanisten *Victor Klemperer* »Ich will Zeugnis ablegen bis zum letzten« und 1996 *Daniel Jonah Goldhagens* provozierendes Buch »Hitlers willige Vollstrecker«. – Die persönlichen Zeugnisse von direkt oder indirekt betroffenen Opfern schärfen Wissen und Gewissen der Leser immer von neuem.

Junge Menschen werden oft mehr noch als durch das gedruckte Wort von Ausstellungen und Dokumentationen beeindruckt, wie dies beispielsweise in der Berliner *Gedenkstätte Deutscher Widerstand* in der Stauffenbergstraße und der *Topographie des Grauens* am Ort des ehemaligen Hauptquartiers der Gestapo in Berlin in der Prinz-Albrecht-Straße und seinen freigelegten Gefängniskatakomben eindrucksvoll gelungen ist.

In der deutschen zeitgeschichtlichen Forschung waren und sind es vor allem die bahnbrechenden Arbeiten und Veröffentlichungen des Münchner *Instituts für Zeitgeschichte*, das von namhaften Historikern wie *Hans Rothfels* (»Deutsche Opposition gegen Hitler«), *Gerhard Ritter* (»*Carl Goerdeler* und die deutsche Widerstandsbewegung«) gegründet und von *Herman Mau, Helmut Krausnick, Martin Broszat* und *Horst Müller* ausgebaut wurde.

Auch möchte ich den Historiker und Leiter der »Gedenkstätte Deutscher Widerstand« in Berlin, Professor *Peter Steinbach*, nennen, der sich um die Rezeption des Widerstandes in Deutschland (West und Ost) große Verdienste erworben hat, wie auch Professor *Wolfgang Benz* (»Dimension des Völkermords«) und die Herausgeberin der »Dachauer Hefte«, *Barbara Diestel*. In jedem dieser Beiträge erfüllt sich das Vermächtnis der »*Weißen Rose*«.

Ich habe diese vielen, sehr unterschiedlichen Formen der Aufklärungs- und Erinnerungsarbeit aufgelistet, weil sie zusammengenommen entscheidend dazu beigetragen haben, daß das Bewußtsein vieler Deutscher – auch gerade junger Deutscher – heute sehr viel sensibler geworden ist, als dies in der ersten Nachkriegszeit der Fall war – damals, als Vergessen- und Verdrängenwollen überwogen.

7. Das Schicksal der Emigranten

In das Kapitel »Prüfsteine der Nach-Hitler-Zeit« gehört nicht zuletzt auch die Einstellung zu und der Umgang mit den von den Nazis aus politischen, rassischen oder religiösen Gründen aus Deutschland verjagten Emigranten. Sie waren die ersten »Heimatvertriebenen«, von denen die meisten die Vertreibung emotional zeitlebens nicht verkraftet haben. In vielen Ländern der freien Welt zerstreut, haben sie Verfolgung und Vernichtung überlebt. Nur wenige von ihnen – man schätzt etwa 4 Prozent – sind in das Nach-Hitler-Deutschland zurückgekehrt. Ungezählte haben ihre Ängste, Verbitterung, manchmal ihren Haß auf Deutschland nicht überwinden können.

Das vom K. G. Saur Verlag verdienstvollerweise herausgegebene vierbändige »Biografische Handbuch der deutschsprachigen Emigranten nach 1933« nennt rund 300 000 jüdische, etwa 20 000 politische und 5 000 »sonstige« Emigranten. Von den jüdischen Emigranten sind etwa 55 000 nach Palästina und über 120 000 in die USA geflüchtet.

Die Emigration aus Nazi-Deutschland zwischen 1933 und 1945 bedeutet einen bleibenden, nicht nur quantitativen, sondern vor allem auch qualitativen Aderlaß für unsere Kultur und Wissenschaft, für Kreativität und Schaffenskraft in Deutschland.

Die Mahnung an das Schicksal deutscher Emigranten hat ihren Niederschlag im Artikel 16 a des Grundgesetzes (Asylrecht) gefunden. Auch mit diesem Artikel wurde ein wichtiges Exempel statuiert, dem wir auch in schwierigen Zeiten verpflichtet sind.

Für mich hat sich nach 1945 immer wieder die Frage gestellt, ob wir wirklich genug versucht haben, um »unsere« Emigranten zur Rückkehr nach Deutschland zu bewegen. Manche Städte haben ihre ehemaligen jüdischen Mitbürger zu Besuchen in ihre früheren Heimatstädte eingeladen. Das war und ist ganz sicher eine Geste des guten Willens, aber wohl noch keine ausreichende Begründung für ein dauerhaftes Willkommensein in der alten Heimat.

Besonders dankbar und glücklich müssen wir für die wichtigen geistigen und politischen Einsichten sein, die uns ehemalige Emigranten in den letzten Jahrzehnten geschenkt haben. Beispielhaft nenne ich *Hannah Arendt, Erich Fromm, Alfred Grosser, Hans Jonas, Karl Popper* und *Fritz Stern*. Ihnen und anderen sind wir zu großem und bleibendem Dank verpflichtet. Und das nicht nur bei gelegentlichen öffentlichen Ehrungen.

»Exempel statuieren« und »den Mantel der Gleichgültigkeit« zerreißen: Vermag ich aus den fünf Jahrzehnten des miterlebten Auf und Ab der Nach-Hitler-Zeit so etwas wie eine Bilanz zu ziehen?

Zwar befürchte ich derzeit keinen Rückfall in rechtsextremistische Mehrheiten und Ideologien, dennoch bin ich angesichts mancher Alarmsignale, Versäumnisse und Gleichgültigkeiten, von denen das folgende Kapitel handelt, nicht ohne Besorgnisse.

Noch ist das Vermächtnis der *»Weißen Rose«* nicht endgültig eingelöst.

V. »Exempel statuieren« im vereinten Deutschland – wogegen und wofür

> »Es ist uns nicht gegeben, ein endgültiges Urteil über den Sinn unserer Geschichte zu fällen. Aber wenn diese Katastrophe uns zum Heile dienen soll, so doch nur dadurch: Durch das Leid gereinigt zu werden, aus der tiefsten Nacht heraus das Licht zu ersehnen, sich aufzuraffen und endlich mitzuhelfen, das Joch abzuschütteln ...«
>
> *(Aus dem Zweiten Flugblatt)*

1. Neonazismus

Dieses Kapitel handelt von Bewährungsproben im politischen und gesellschaftlichen Selbstverständnis im vereinten Deutschland. Denn: Wenn uns unsere »*Katastrophen*« auf Dauer »*zum Heile dienen*« sollen, dann müssen wir einerseits »*Exempel*« g e g e n jede Form neuer Anfälligkeiten für Naziideologien, für ihre Denkweisen und Parolen »*statuieren*« und andererseits eindrückliche »*Exempel*« für die Verwirklichung demokratischer Wertvorstellungen, Denk- und Verhaltensweisen. Auf beides kommt es gleichermaßen an, und je mehr Zeit seit der Befreiung von zwei Diktaturen vergeht, um so dringlicher werden die *Pro-Demokratie-Exempel*.

In den vorherigen Kapiteln habe ich beschrieben, wie mühsam, oft halbherzig, gelegentlich unwillig der politische Reinigungs- und Aufräumprozeß der Hinterlassenschaft der NS-Diktatur nach Gründung der BRD verlaufen ist.

104

Heute gilt es zum einen, diese Auseinandersetzung mit der Vergangenheit fortzusetzen, und zum anderen, alle Anzeichen für Wiederholungsgefahren, die wie bei einem Eisberg teils sichtbar, doch überwiegend unsichtbar lauern, rechtzeitig zu erkennen und wirksam zu bekämpfen. Denn Neonazismus – Antisemitismus – Fremdenhaß gehen Hand in Hand. Sie wurden in der über 50jährigen Geschichte der Nach-Hitler-Zeit niemals vollends ausgerottet. Sie schwelen mal weniger, mal mehr weiter und schüren – mal hier, mal dort – Gewalt und neuen Haß.

Diese Auseinandersetzung ist nun nach der Vereinigung der vierzig Jahre staatlich, politisch und ideologisch geteilten Deutschen neuerlich virulent geworden.

2. Gewalttätiger Antisemitismus und Fremdenhaß

Über diesen großartigen historischen Ereignissen traten 1989/90 zunächst alle anderen Probleme in den Hintergrund. Das galt auch für den organisierten und latenten Neonazismus, Antisemitismus und den – leider auch von konservativen Politikern mit angeheizten – Fremdenhaß.

Wenige Jahre später brandete jedoch alles wieder auf: mit der Brandstiftung und den anschließenden Randalen in Hoyerswerda im Mai 1991, mit der Schändung und Verwüstung jüdischer Friedhöfe und KZ-Gedenkstätten, mit Aufmärschen, Überfällen auf Ausländer und rechtsextremen Schriften übelster Machart, mit dem Leugnen von NS-Verbrechen, vor allem des Holocaust[36], mit Überfällen von sogenannten Skinheads auf

Nicht-Deutsche und ihrem uns Älteren wohlbekannten Gebrüll (»Ausländer raus«) samt ihren martialischen Drohgebärden. – Den Brandanschlägen in Hoyerswerda und Rostock folgten Mölln (1992), Solingen (1993) und Lübeck (1994). Berichte über gewalttätige Ausländerkrawalle gehören heute zu den Wochenendnachrichten, leider oft auch Meldungen über Anschläge auf ehemalige KZs, auf jüdische Friedhöfe und Mahnmale. Über 100 Ausländer wurden seit 1992 Opfer von rechtsextremistischen Mordanschlägen, die Zahl der Verletzten geht in die Tausende.

Damit war und ist eine Zeit neuer Herausforderungen angebrochen: Es galt, nicht gleichgültig zuzusehen, die Achseln zu zucken. Es mußten und müssen *»Exempel statuiert«* werden – von der Polizei, von der Justiz, von den Politikern und nicht zuletzt von den Bürgerinnen und Bürgern. Nach anfänglicher Ratlosigkeit geschah dies auch:

Zwar gab und gibt es immer noch und immer wieder viele sympathisierende Mitläufer und Zuschauer, aber es organisieren sich auch immer mehr junge und ältere Menschen, um gegen Haß und Gewalt Zeichen der Toleranz und Friedfertigkeit zu setzen. Zu einem Symbol sind *Lichterketten* Hunderttausender friedlich demonstrierender Bürgerinnen und Bürger in fast allen Städten und Gemeinden unserer Republik geworden. Hier lebte und lebt der Geist der *»Weißen Rose«* in einer neuen Form des Widerstehens, so wie er im vorangestellten Zitat aus dem Zweiten Flugblatt beschworen wurde: *»Sich aufraffen und beitragen«*, daß sich *»Ähnliches«* wie in der NS-Zeit in Deutschland nie wiederholen kann.

106

3. Exempel statuieren – wofür?

Exempel statuieren – *wogegen*, davon war bisher die Rede. Ebenso wichtig ist jedoch die Frage nach dem *Wofür*? Hierbei geht es um die vielfältigen Exempel, die geeignet sind, unsere Freiheit und unsere Demokratie zu stärken. Dies ist bitter nötig, denn seit mehr als einem Jahrzehnt ist unsere Demokratie in keiner besonders guten Verfassung. Bereits anläßlich des 40. Geburtstages des Grundgesetzes am 23. Mai 1989 hatte unser damaliger Bundespräsident *Richard von Weizsäcker* besorgt gemahnt:

»Die Freiheits- und Grundrechte leben von dem, was wir aus ihnen machen. Sie verkümmern, wenn sie nur als eigene Ansprüche gegen den Staat verstanden werden. Ihre tiefere Bedeutung liegt in den Rechten, die jeder dem anderen zugesteht. Mit der Verfassung allein ist kein Staat zu machen, sondern mit unserer Verantwortung für den Staat, das heißt füreinander; denn der Staat, das sind wir ja selber ...

Wir haben eine gute Verfassung. Aber es wäre doch eine oberflächliche Feierlichkeit ohne die ernsthafte Frage an uns: Sind wir in einer guten Verfassung?

Jeder von uns weiß ganz gut, daß er für seine eigenen privaten Ziele Spielregeln beachten und selbst etwas einsetzen muß. Und für das Grundgesetz? Brauchen wir für sein Leben, nämlich für unser Gemeinwesen, nichts zu tun? Spielen im Verfassungsstaat nur Berufspolitiker mit? Ist der Bürger, wie er oft glaubt, lediglich als Zuschauer beteiligt und dann und wann als Schiedsrichter?

Die Schlüsselrolle fällt den Parteien zu. Das Grund-

gesetz behandelt sie in seinem Artikel 21 mit souve-
räner Zurückhaltung. Das hat wenig bewirkt. Es hat die
überragende Bedeutung der Parteien damit nicht zu
bremsen vermocht...

Wenn die Parteien die Lösung der Probleme dem
Streit gegen die Konkurrenz unterordnen, wenn sie die
Fragen der Zeit zu Instrumenten im Kampf um die
Macht entwerten, ja, dann leidet ihre Glaubwürdigkeit.
Aber das schadet nicht nur ihnen, sondern uns allen.
Denn einen Ersatz für sie gibt es nicht.«[37]

Leider wurden diese Mahnungen und Besorgnisse
von denen, die gemeint waren, nicht sonderlich beher-
zigt. Auch der »Berliner Rede«, in der *von Weizsäckers*
Nachfolger *Roman Herzog* am 26. April 1997 ähnliche
Schwerpunkte setzte, wird es wohl nicht viel besser er-
gehen. Hier einige Auszüge:

»Ich behaupte: Wir haben kein Erkenntnisproblem,
sondern ein Umsetzungsproblem. Während die Auswir-
kungen des technischen Wandels auf dem Arbeitsmarkt
und die Folgen der Demographie für die sozialen Netze
auch andere Industrieländer, etwa Japan, heimsuchen,
gibt es für den Modernisierungsstau in Deutschland
keine mildernden Umstände. Er ist hausgemacht, und
wir haben ihn uns selbst zuzurechnen.

Dabei leisten wir uns auch noch den Luxus, so zu tun,
als hätten wir zur Erneuerung beliebig viel Zeit: Ob
Steuern, Renten, Gesundheit, Bildung, selbst der Euro –
zu hören sind vor allem die Stimmen der Interessen-
gruppen und Bedenkenträger. Wer die großen Refor-
men verschiebt oder verhindern will, muß aber wissen,
daß unser Volk insgesamt dafür einen hohen Preis
zahlen wird. Ich warne alle, die es angeht, eine dieser

Reformen aus wahltaktischen Gründen zu verzögern
oder gar scheitern zu lassen. Den Preis dafür zahlen
vor allem die Arbeitslosen.

Alle politischen Parteien und alle gesellschaftlichen
Kräfte beklagen übereinstimmend das große Problem
der hohen Arbeitslosigkeit. Wenn sie wirklich meinen,
was sie sagen, erwarte ich, daß sie jetzt schnell und ent-
schieden handeln! Ich rufe auf zu mehr Entschlossen-
heit! Eine Selbstblockade der politischen Institutionen
können wir uns nicht leisten.«[38]

Meine Bilanz: Die Abläufe unserer Demokratie
funktionieren zwar im großen und ganzen, ihr inneres
Gefüge leidet aber an erheblichen »Kreislaufstörungen«. Zu Recht warnte am 9. Mai 1997 »DIE ZEIT«:

»Wo die notwendige parteienstaatliche und parla-
mentarische Mechanik zum Selbstzweck degeneriert,
stellt sich jener Zustand ein, den die Angelsachsen mit
der Formel beschreiben: Ein Betrieb, in dem nichts
mehr betrieben wird (›politics without policies‹).«

Die Kreislaufstörungen werden aber keineswegs nur
von Parteien, Politikern und Institutionen verursacht,
sondern auch von jener Gleichgültigkeit vieler, zu vieler
Bürgerinnen und Bürger, die zur Entfremdung zwischen Politik und Gesellschaft und in den zwischen-
menschlichen Beziehungen geführt hat.

4. Schwerpunkte der Bewährung:
    Aufklärung und Erziehung – Gedenken und
    Erinnern – Verfassung und Verfassungswirklich-
    keit – Gerechtigkeit für alle NS-Opfer

Der Befund ist also ziemlich alarmierend: Unsere
Demokratie ist in keiner guten Verfassung, und zwar so-
wohl, was die noch unaufgearbeiteten »Erblasten« der
Vergangenheit und die virulenten rechtsextremistischen
Exzesse angeht, als auch – angesichts des von *Roman
Herzog* trefflich diagnostizierten Problemstaus – hin-
sichtlich der Belastbarkeit ihrer Fundamente.

Was bedeutet unter diesen Vorzeichen und Bedingungen *»Exempel statuieren«*? Ich denke, daß es fällig,
ja überfällig ist, ein neues Kapitel demokratischen Denkens *und* Handelns aufzuschlagen, für dessen Inhalte
und Ausgestaltung Politiker ebenso verantwortlich sind
wie Bürgerinnen und Bürger.

Es geht um die Begründung und Gestaltung einer demokratischen Kultur, die aus den Irrtümern und Verirrungen unserer politischen Geschichte gelernt hat und
sich gegen neue Gefährdungen als widerstandsfähig erweist. Es geht um ein verbindliches und verbindendes
politisches Bewußtsein und um konsequente Handlungs-
schwerpunkte. Erst dann und nur dann kann das heran-
wachsen, was man eine – in europäische und Weltver-
antwortung eingebettete – »nationale Identität« nennt.
Ich nenne vier solcher Schwerpunkte, die mir besonders wichtig sind. Darüber hinaus habe ich sie in meinen Büchern und Schriften ausführlich dargelegt:[39]
1. Aufklärung und Erziehung nachwachsender Generationen.

2. Gedenken und Erinnern an Unrecht, Leiden und Zerstörungen während der NS-Diktatur, Rehabilitierung der Opfer.
3. Gestaltung der Demokratie als Staats- und Lebensform.
4. Bewährung vor neuen Herausforderungen.

Zu 1. Die *Aufklärung nachwachsender Generationen* über die Verirrungen ihrer Vor-Eltern kann nur dann weiterführen, wenn sie Hand in Hand geht mit zielorientierter Erziehung zu demokratischen Einstellungen und Verhaltensweisen zur Selbstverantwortung, Zivilcourage und Toleranz. Diese Bemühungen lassen sich zwar im Schulsystem, in der kirchlichen, gewerkschaftlichen und freien Jugendarbeit in Ansätzen und Programmen aufspüren,[40] in der politischen Handlungs- und Verantwortungsebene aber vermisse ich sowohl die erforderliche Entschiedenheit als auch die notwendigen Prioritäten: Politische Bildung in jeder Altersstufe und Einübung demokratischer Verhaltensweisen und »Tugenden« kommt sowohl in der hierfür minimal bemessenen Unterrichtszeit als auch im Schulleben viel zu kurz. Die Jugend wird durch das Vorbild der Erwachsenen kaum zum Engagement motiviert, ihre Vorbereitung zur Wähler-Mündigkeit desgleichen. Auch überwiegen negative Eindrücke über die parteipolitische Alltags-(Un)Kultur.

Zur Überwindung der Versäumnisse und Defizite und zum Anstiften neuer Impulse ist eine »Konzertierte Aktion« aller Beteiligten und Verantwortlichen überfällig. Weshalb zum Beispiel gibt es – analog zu anderen Jugendprogrammen wie »Jugend forscht« oder »Jugend musiziert« – keinen Wettbewerb *»Jugend engagiert sich für die Demokratie«*?

Zu 2. Gedenken und Erinnern ... Damit haben wir uns – wie in den vorigen Kapiteln beschrieben – in den ersten Jahrzehnten der Nach-Hitler-Zeit besonders schwer getan. Heute gibt es viele neue Bemühungen, Diskussionen und hoffnungsvolle Ansätze. Sie reichen von vorzüglicher zeitgeschichtlicher Literatur und eindrucksvollen Medienproduktionen, die von den verdienstvollen Ergebnissen der Forschung profitieren, über das Bürgerengagement zur Anbringung von Gedenktafeln und Dokumentationen über das Schicksal von Opfern der NS-Zeit bis zur Errichtung von (Ge-)Denkstätten und Mahnmalen bis zu Veranstaltungen, Tagungen und Feierstunden, die Menschen guten Willens in aufrichtiger Betroffenheit und Einsicht zusammenführen. Hierzu zählen eindrucksvolle Ausstellungen und Vorträge der *»Weiße-Rose-Stiftung«* und nicht zuletzt – wie bereits erwähnt – die Vorträge und Diskussionen von noch lebenden Angehörigen der Mitglieder der *»Weißen Rose«*. Dabei gelingt es, junge Menschen anzusprechen und zu beeindrucken.

Ich denke, hier werden viele Zeichen gesetzt. Aber letztlich kommt es darauf an, daß diese Zeichen ins Bewußtsein von mehr jungen Menschen dringen und angesichts neuer Bewährungsproben (z. B. altes und neues Unrecht, zunehmende Gewalt, Entsolidarisierung) die Bereitschaft zum Engagement des Einzelnen stimulieren.

Hierfür hat es auf dem Evangelischen Kirchentag, der im Juni 1997 in Leipzig stattgefunden hat und unter der Losung *»Auf dem Wege der Gerechtigkeit ist Leben«* stand, kleine und große Zeichen gegeben. Einen besonders ermutigenden Beitrag leistete die *»Aktion*

Sühnezeichen – Friedensdienste« mit ihrem Forum »Endlich Gerechtigkeit für vergessene NS-Opfer schaffen!«. Ich hatte dabei die Aufgabe übernommen, in einem Einführungsreferat einen Überblick über die Geschichte der Wiedergutmachung seit 1945 zu geben. Auszüge aus diesem Referat, die meine bereits vorher beschriebenen Positionen noch einmal zusammenfassen, finden Sie im Anhang.

Nun soll dieses Referat einige Bundestagsabgeordnete bei ihren Bemühungen unterstützen, für die bisher immer noch vergessenen Opfer unbürokratische Hilfe zu leisten.

5. Neue Formen der Bürgerverantwortung

Zu 3. Hier sind die *Konsequenzen* aus dem vorher skizzierten Befund zu ziehen: Unsere Parteien-Demokratie funktioniert in ihren äußeren Abläufen, aber sie verliert sowohl an Erneuerungs- und Gestaltungskraft nach innen als auch an Vertrauen und Zustimmung im Verhältnis zur Bürgergesellschaft. Abhilfe tut not!

Neue Formen der Politiker- und Bürgerverantwortung, der Initiativ- und Beteiligungsrechte müssen entwickelt und erprobt werden.

Zu 4. »*Exempel statuieren*« als Auftrag der Bewährung vor neuen Herausforderungen, das ist etwas, was immer von neuem vor uns liegt. Dazu gehören Wachsamkeit und Kampfansage an jede Form von nachwachsendem Faschismus und Rechtsextremismus. Der italienische Schriftsteller und Denker *Umberto Eco* hat geradezu klassisch definiert, was er darunter versteht.

Er definiert es als »Urfaschismus«, gegen den auch demokratische Gesellschaften nicht gefeit sind, und zählt dazu nicht nur Rassismus in jeder Form, sondern auch Elitedenken in Form von Verachtung der Schwächeren, Kultivierung von Feindbildern, Überhöhung des Nationalismus, Instrumentierung von Ängsten und Irrationalismus, Verherrlichung von Krieg und Gewalt . . .

Sich mit diesen Formen des »Ur-Faschismus« im einzelnen auseinanderzusetzen würde den Rahmen des Taschenbuchumfangs sprengen. Nur soviel: Können wir Spielarten des »Ur-Faschismus« nicht fast überall und auch in uns entdecken? Und kommt es nicht darauf an, Gegen-Exempel zunächst und vor allem bei sich und an sich selber zu statuieren?

Würde jeder von uns kraft eigener Verantwortung und Initiative einmal in der Woche ein einziges Exempel statuieren
– *gegen* Neonazismus, Rassismus, Fremdenhaß,
– *gegen* Verdrängen, Entsorgen, Relativieren unserer Vergangenheit,
– *gegen* Gewalt und Diskriminierung,
– *gegen* Verwilderung und Mißachtung unserer demokratischen Werte und Spielregeln,
und ein Exempel
– *für* Toleranz und Zivilcourage,
– *für* tätiges Erinnern,
– *für* humanitäres Engagement,
– *für* mehr Mitmenschlichkeit . . . ,
das würde Millionen Exempel pro Woche ergeben und aber Millionen in einem Jahr . . . Ein neuer moralischer Imperativ wäre begründet, und wir brauchten um unsere demokratische, um unsere deutsche, besser noch

um unsere europäische und weltbürgerliche Identität nicht zu fürchten. – Wir hätten das *Joch* unserer Erblast – im Geiste des Vermächtnisses der *»Weißen Rose«* – zwar nicht ein für allemal *abgeschüttelt,* aber doch erleichtert. Unsere politische Kultur könnte mit diesem *moralischen Imperativ* neu begründet werden und viele Früchte tragen.

Epilog
Über das weiterwirkende Vermächtnis der »Weißen Rose«

Was meine ich mit *moralischem Imperativ*, und welche Bedeutung hat er für unsere politische Kultur, die sich auf die christlich-humanistischen Werte des Abendlandes und – wenn auch verspätet – auf die der Aufklärung beruft?

Ellie Wiesel, der wohl weiseste Deuter unserer Befindlichkeit nach Auschwitz, bezeichnet zwei Erscheinungen unseres Jahrhunderts als die beiden größten Bedrohungen der Menschheit: *»den Fanatismus der Massen und die Gleichgültigkeit des Einzelnen«*. Wir haben es erfahren: Hitlers totale Diktatur wäre ohne den Fanatismus der Massen und die Gleichgültigkeit des Einzelnen nicht möglich gewesen. Das eine hat das andere bedingt, und die persönliche Verantwortung des Einzelnen hat versagt.

Ich denke, daß mit den Texten der Flugblätter der *»Weißen Rose«* und mit dem Leben und Sterben ihrer Verfasser, daß mit dem Opfertod aller Widerstandskämpfer und dem Mord an sechs Millionen Juden für unsere heute und morgen gültige politische Kultur ein weiterer konstitutiver Grundwert geschaffen wurde: die *politische Verantwortung des Einzelnen*. Das ist ihr weiterwirkendes Vermächtnis: Die politische Verantwortung des Einzelnen muß ein *gelebter und unver-*

zichtbarer Grundwert unserer politischen Kultur werden, der nicht nur an Gedenktagen verbal beschworen wird, sondern von Jugend auf erfahrbar sein muß. Das setzt die Vermittlung von historisch-politischem Wissen ebenso voraus wie die Einsicht in die Stärken und Anfälligkeiten unserer freiheitlichen Demokratien. Das erfordert schließlich die Bereitschaft zu verantwortlicher *Citizenship* – ein angelsächsicher Begriff, der sich nur unvollständig als *»Bürgerbewußtsein«* eindeutschen läßt.

Neuer menschenverachtender Fanatismus – gleich in welchem Gewande – kann nur dann verhindert werden, wenn viele Einzelne bereit sind, den Mantel der Gleichgültigkeit zu zerreißen und politische Verantwortung zu übernehmen. Darin erkenne ich das weiterwirkende Vermächtnis der *»Weißen Rose«*.

Es ist, es bleibt gültig und läßt sich nicht mit einem von wem auch immer verordneten Schlußstrich zu den Akten legen.

Anhang

»Endlich Gerechtigkeit für vergessene NS-Opfer schaffen«

Rede auf dem Evangelischen Kirchentag in Leipzig im Juni 1997 auf dem Forum der »Aktion Sühnezeichen – Friedensdienste«:

Als die Gründung der Bundesrepublik Deutschland auf den Trümmern des NS-Unrechtsstaates am 12. September 1949 mit der Wahl des ersten Staatsoberhauptes Theodor Heuss abgeschlossen war, zitierte dieser am Schluß seiner Antrittsrede aus dem 14. Kapitel der Sprüche Salomos den 34. Vers: »Gerechtigkeit erhöhet ein Volk«. Wenn man im Alten Testament nachschlägt, lautet der nächste Satz: »Aber die Sünde ist der Leute Verderben«!

Schade, daß Heuss, damals vor 50 Jahren, nicht auch diesen Satz zitiert hat, denn erst beide Sätze zusammengenommen weisen die Richtung für eine schonungslose Ursachen- und Gewissensforschung in Sachen unserer schwersten Erblast: Unvorstellbare Sünden hatte unser Volk während der NS-Zeit begangen, wir, das Volk, waren »verdorben«. Nun, nachdem wir davon befreit waren, ging es um die Entdeckung von Gerechtigkeit: um Erkenntnis und Wiedergutmachung, um Schuld und Sühne.

Auch die Losung unseres Kirchentags »Auf dem Wege der Gerechtigkeit ist Leben« weist in diese Richtung, und ich möchte beide Gebote als Leitgedanken für die Thematik des heutigen Abends verstehen.

Dabei zögere ich, im Kontext mit jenem unermeßlichen, nicht wiedergutzumachenden Unrecht und Un-

heil, das – im deutschen Namen, überwiegend von Deutschen – aber Millionen aus rassischen, religiösen oder politischen Gründen verfolgten und vernichteten Opfern zugefügt wurde, überhaupt von Gerechtigkeit und von Wiedergutmachung zu sprechen: Weder konnten und können Verbrechen dieses Ausmaßes je »gerecht wiedergutgemacht« werden, noch gibt es »gerechte« Maßstäbe für die Sühne, die den Tätern hätte auferlegt werden müssen ... Deshalb werde ich in meinem Referat ganz lapidar davon sprechen, welche politischen Anstrengungen in der Nach-Hitler-Zeit gemacht wurden, welche finanziellen Leistungen erbracht und welche offenkundigen Versäumnisse anzumahnen sind.

Dabei verstehe ich mich nicht als beschwichtigende, Sie mit Zahlen mattsetzende Wiedergutmachungs-Expertin, sondern als eine Politikerin, die sich von der sogenannten »Stunde Null« an dafür engagiert hat, daß wir die »Erblast« des von uns verschuldeten Holocaust nicht leugnen oder bagatellisieren, sie nicht einfach abschütteln, vielmehr auf uns nehmen und – soweit dies überhaupt möglich war – abtragen. Jedoch nicht nur mit Geld, sondern im Geiste jenes weisen Propheten Salomo.

So verstanden lauten meine Fragestellungen:

Wiedergutmachung wofür und Entschädigung an wen, wieviel und mit welchen Intentionen? – Welche Opfergruppen wurden berücksichtigt und welche nicht? – Was bleibt zu tun?

1. Wiedergutmachung wofür?

Für das unendliche, unermeßbare Unrecht, das wir Millionen, ja aber Millionen Menschen in Deutschland und Europa im »deutschen Namen« zugefügt oder dies zugelassen haben: Verfolgung, Vertreibung, Vernichtung,

Zerstörung und Beraubung ihres Besitzes und Vermögens. Für Völkermord und die Zerstörung Europas.

Hier ein kursorischer Überblick über die Opfergruppen:

– *Die Überlebenden der aus politischen, rassischen oder religiösen Gründen in Deutschland und in den eroberten Nachbarländern Verfolgten oder – soweit noch vorhanden – ihre Hinterbliebenen.*

– *Die Hinterbliebenen der verfolgten, gefolterten und hingerichteten Widerstandskämpfer.*

– *Die Millionen Opfer sozialer Verfolgung wie Zwangssterilisierte, Homosexuelle, Sinti und Roma.*

– *Die Hunderttausende von zwangsverschleppten Sklavenarbeiterinnen und -arbeitern aus den von deutschen Truppen besetzten Gebieten.*

– *Soldaten, die Opfer der NS-Militärjustiz wurden.*

2. Etappen der Wiedergutmachungs-Gesetzgebung
Die Geschichte der »Wiedergutmachung« seit 1945 ist zwar wissenschaftlich noch nicht aufgearbeitet, rückblickend aber läßt sich schon heute behaupten, daß sie in der Erfolgschronik der BRD kein strahlendes Kapitel ist. Zwar sind die finanziellen Leistungen, die sich 1994 auf insgesamt etwa 93 Milliarden beliefen, nicht geringzuschätzen, aber weder sind sie ein Beweis für die Höhe und Angemessenheit der Einzelleistungen noch für die Einbeziehung und Berücksichtigung aller Opfergruppen.

Mein kritisches Resümee beziehe ich auf die offenen und versteckten, nicht enden wollenden Abwehrkämpfe, Widerstände, Vorwände und bürokratischen Schikanen, die das ganze Kapitel Umgang mit den Opfern von NS-Verbrechen von A bis Z durchziehen.

Das Kapitel begann gleich nach Kriegsende mit jener nicht gerade freudig befolgten Anordnung der westlichen Militärregierungen, finanzielle Zuwendungen an NS-Verfolgte zu leisten. Nach der Gründung der Bundesrepublik mußte diese Verpflichtung vom Gesetzgeber (Bundestag) und von der Exekutive, sprich Bürokratie, übernommen werden.

Kurz bevor es 1953 – buchstäblich in letzter Stunde der ersten Legislaturperiode – zur ersten gesetzlichen Wiedergutmachungsregelung kam, hatte es im Deutschen Bundestag – sozusagen als ein trauriges Vorspiel – ein äußerst peinliches parlamentarisches Hickhack um den von Bundeskanzler Adenauer 1952/53 verdienstvollerweise ausgehandelten Wiedergutmachungs-Staatsvertrag mit Israel in Höhe von 3,15 Milliarden DM gegeben. Mit diesem Vertrag wollte Adenauer weltweit ein Zeichen des guten Willens Nach-Hitler-Deutschlands setzen. Das Zeichen geriet zum Alarmsignal. Ohne die einstimmige Unterstützung der SPD-Opposition hätte der Vertrag keine Mehrheit erhalten:

Von 146 CDU-Abgeordneten stimmten nur 84 mit Ja, von 49 FDP-Abgeordneten gar nur 17, und von den 20 Fraktionsmitgliedern der noch weiter rechts stehenden DP stimmten nur 5 mit Ja.

Die zur Abstimmung abgegebenen »Erklärungen« zahlreicher MdBs sprechen Bände: Pars pro toto:

»Eine Wiedergutmachung an den Staat Israel lehne ich ab, da dieser Staat noch nicht bestand, als die Juden in Deutschland verfolgt und vertrieben wurden.«

Auch die Gesetzgebungs-Prioritäten während der ersten Legislaturperiode 1949 bis 1953 zeugen in Sachen

Wiedergutmachung von wenig überzeugendem und überzeugtem Engagement der Mehrheit des Bundestages!

Erst nachdem zwei Amnestiegesetze, das Straffreiheitsgesetz, die Kriegsopfergesetzgebung und das sogenannte 131er-Gesetz, nach dem jeder wegen NS-Belastungen von den Siegermächten entlassene Beamte einen Wiedereinstellungsanspruch hatte, unter Dach und Fach waren (siehe auch Kapitel III), erst als alle »Entnazifizierungs-Beschwernisse« per Gesetz wieder aus der Welt geschaffen waren, wurde das erste Wiedergutmachungsgesetz (BEG) beschlossen. Es galt und gilt nur für rassisch, politisch oder religiös Verfolgte, schließt also alle anderen Opfergruppen aus.

Dieses Wiedergutmachungsgesetz war so schlampig zusammengeschustert, der Kreis der Berechtigten so eng gezogen und es wurde so schikanös exekutiert, daß es bereits zwei Jahre später novelliert werden mußte.

1965 gab es dann noch das sogenannte Wiedergutmachungs-Schlußgesetz, das sich überwiegend auf die Regelung von Fristen und von Härtefällen beschränkte. Nach wie vor wurden keine anderen Verfolgungstatbestände anerkannt, auch blieben die NS-Opfer in osteuropäischen Staaten von jeder individuellen oder zwischenstaatlichen Wiedergutmachung ausgeschlossen.

3. Der Kampf für vergessene Opfergruppen

Wiederum sollten zwanzig Jahre vergehen, bis die Einsicht wuchs, daß so viele Härtefälle und Opfergruppen durch die Maschen des BEG gefallen und vergessen waren (zumeist mußten sie von Sozialhilfe leben), daß etwas geschehen mußte. 1981 wurde für »nicht-jüdische Verfolgte« ein Härtefonds geschaffen,

*der wie eine Art Almosenfonds exekutiert und Antrag-
steller durch allerhand Schikanen neuerlich gedemü-
tigt wurden (s. auch Kapitel IV).*

*Nicht etwa die Regierung, die von Rechts wegen dazu
verpflichtet gewesen wäre, schritt ein, nein, es waren
eine Handvoll einzelner Abgeordnete aller Fraktionen
(mit Ausnahme der CSU), die ab 1985 die Initiative
ergriffen (ich gehörte auch dazu). Zunächst versuchten
wir, uns mit parlamentarischen Anfragen eine Über-
sicht über die vergessenen Opfergruppen und ihre
Zahlen zu verschaffen. Es ging um Euthanasie-Opfer,
Zwangssterilisierte, Sinti und Roma, Homosexuelle,
Zwangsarbeiter aus Osteuropa. Alles in allem wohl
mehrere Millionen Menschen.*

*Regierung und Finanzminister wiegelten eiskalt jeden
Vorstoß ab: Es sei genug »Wiedergutmachung« geleistet worden! Aber wir ließen nicht locker. Versäumnisse
und Unterlassungssünden wurden mit Presseerklä-
rungen und Anträgen öffentlich gemacht, eine parlamentarische Anhörung durchgesetzt.*

*Schließlich kam es am 24. Juni 1987 zu jener drama-
tischen zweitägigen Anhörung im Deutschen Bundestag, die jeden, der daran teilnahm, aufs tiefste auf-
wühlte. Zahlreiche Opfer berichteten über ihre Torturen
und über fortwirkende Demütigungen. Ihre Berichte
stachelten unsere Entschlossenheit an, nicht lockerzu-
lassen, bis auch den Opfern sozialer Verfolgung, darunter auch Überlebende von grausamsten pseudomedi-
zinischen Versuchen, wenigstens öffentliche Rehabilitierung zuteil wurde und der Anspruch auf eine beschei-
dene Zuwendung gesichert war.*

Auch wurde ein Unterausschuß des Innenausschusses

*zur Begleitung und Kontrolle der beschlossenen Maß-
nahmen geschaffen, in dem Vertreter aller Parteien (ausgenommen der CSU) mit großem Engagement neuer-
liche Schikanen und Verzögerungen zu verhindern
versuchten.*

*Bewundernswert auch das Engagement vieler Be-
troffener, stellvertretend nenne ich Klara Nowack, die
als Kind in einem Waisenhaus zwangssterilisiert wurde
und einen Hilfsverband gründete und sich bis heute mit
allen ihr noch zur Verfügung stehenden Kräften für
jeden einzelnen ihrer Leidensgefährten einsetzt.*

*Ein besonderer Dank gebührt auch den Mitarbeite-
rinnen und Mitarbeitern der im Juni 1987 in freier Trä-
gerschaft eröffneten Informationsstelle in Köln, die
trotz vieler Widrigkeiten von Anfang an eine segens-
reiche Beratungsarbeit leistete, nun auch für Rat-
suchende aus den neuen Bundesländern.*

*Dieser Kampf um die Rehabilitierung der Opfer so-
zialer Verfolgung gehört zu meinen positivsten parlamentarischen Erfahrungen: Daß es Abgeordnete aus
allen Fraktionen aus eigener Initiative und gegen den
Willen von Regierung und Exekutive, oft auch der Fraktionen und über sie hinweg gelang, ein Scherflein zu
etwas mehr Gerechtigkeit beizutragen, hinterließ die
Genugtuung, etwas nicht Wiedergutzumachendes doch
wenigstens gebessert zu haben.*

*Seit wenigen Wochen gilt das nun endlich auch für die
Opfer der NS-Militärjustiz. Zu danken ist dies, außer
engagierten Abgeordneten, vor allem einem Opfer:
Ludwig Baumann.*

4. Welche Bilanz können wir ziehen?

Insgesamt sind bis 1994 etwa 93 Milliarden DM an

Entschädigung an NS-Opfer geleistet worden, darunter 72,5 Milliarden DM für Leistungen nach dem BEG; aus dem »Härtefonds« für einmalige Leistungen mickrige 67 Millionen DM; für Globalverträge mit sechzehn Staaten 1,9 Milliarden DM (darunter nach 1989 mit Polen, Rußland, Belarus und der Ukraine, von denen nicht bekannt ist, ob und wieviel bei den noch lebenden Opfern ankommt). Mit noch etwa 30 Milliarden DM wird für künftige Leistungen gerechnet.

Auf den ersten Blick ein beträchtlicher Betrag. Wenn man aber den zweiten Blick auf die Anzahl der nach dem BEG Berechtigten richtet, erkennt man, daß von wirklich großzügigen Wiedergutmachungsleistungen nicht die Rede sein kann: 4,5 Millionen Anträge wurden nach dem BEG gestellt, davon nur etwa die Hälfte anerkannt. Umgerechnet ergibt das pro Kopf etwa 20 000 DM. Gemessen an den Verlusten, Leiden, Schäden und Entbehrungen der Opfer, weiß Gott kein exorbitanter Betrag!

5. Was bleibt zu tun?

Das schlimmste Versäumnis ist meines Erachtens, daß es bisher nicht gelungen ist, für alle bisher durch alle Maschen gefallenen Opfer, darunter vor allem Zwangsarbeiter aus osteuropäischen Ländern, eine Stiftung zu errichten, an der sich auch die Großunternehmen beteiligen müssen, die während des Krieges die billigen Arbeitskräfte materiell und physisch ausgebeutet haben.

Vordringlich ist auch die rasche Entschädigung politisch und rassisch Verfolgter vor allem im Baltikum. Ich fürchte, auch diesmal wieder wird dies ohne öffentlichen und parlamentarischen Druck so lange weiter ver-

schleppt werden, bis auch die letzten der nun uralten Opfer gestorben sind.

Ich sprach anfangs davon, daß uns nach dem nicht aus eigener Kraft erkämpften Untergang der NS-Diktatur aufgetragen war, nicht nur materielle, sondern vor allem auch ideelle und moralische Wiedergutmachung zu leisten. Darum haben sich seit den 60er Jahren zuerst und vor allem – nicht die offizielle Politik, wohl aber Gruppen, wie die »Aktion Sühnezeichen«, und viele Einzelne in christlich-jüdischen Gesellschaften, im »Arbeitskreis Christen und Juden«, in der Gedenkstätten- und Begegnungsarbeit Tätige, vor allem junge Menschen, bemüht.

Mit Blick auf Gegenwart und Zukunft müssen wir Deutschen – Christen und Nichtchristen – unser Gewissen immer von neuem schärfen und alle Ansätze von wiederaufkeimendem Rassismus, Extremismus und Inhumanität im Keime ersticken.

Anmerkungen

1 Vgl. Hildegard Hamm-Brücher: Freiheit ist mehr als ein Wort. Köln 1996.

2 Art. 146 GG: »Dieses Grundgesetz, das nach Vollendung der Einheit und Freiheit Deutschlands für das gesamte deutsche Volk gilt, verliert seine Gültigkeit an dem Tage, an dem eine Verfassung in Kraft tritt, die von dem deutschen Volke in freier Entscheidung beschlossen worden ist.«

3 Karl Popper: Auf der Suche nach einer besseren Welt. München 1984.

4 Siehe Literaturverzeichnis über die »Weiße Rose«.

5 Chemie galt während der Kriegszeit als kriegswichtiges Studium.

6 Hildegard Hamm-Brücher: Freiheit ist mehr als ein Wort.

7 Vgl. ebenda.

8 Karl Alt: Überschreiten von Grenzen. München 1946/1994.

9 Theodor Heuss am 8. Mai 1949 anläßlich der Verabschiedung des Grundgesetzes. In: Theodor Heuss: Die großen Reden. Tübingen 1965.

10 Siehe Literaturverzeichnis.

11 Siehe Literaturverzeichnis.

12 Siehe Literaturverzeichnis.

13 Zusammenschluß von evangelischen Christen, die sich seit 1933 der verordneten Gleichschaltung zu »Deutsche Christen« widersetzten.

14 Das ganze Zitat lautet: »Obgleich wir wissen, daß die nationalsozialistische Macht militärisch gebrochen werden muß, suchen wir eine Erneuerung des schwerverwundeten deutschen geistes von innen her zu erreichen. Dieser Wiedergeburt muß aber die klare Erkenntnis aller Schuld, die das deutsche Volk auf sich ge-

laden hat, und ein rücksichtsloser Kampf gegen Hitler und seine allzu vielen Helfershelfer ... vorausgehen.«

15 Theodor Heuss: Aufzeichnungen 1945–1947. Tübingen 1966.
16 Theodor Heuss: Die großen Reden.
17 Ebenda.
18 Horst Ferdinand (Hrsg.): Beginn in Bonn. Reinbeck 1985.
19 Schriftenreihe der Bundeszentrale für politische Bildung, Band 335, S. 114 ff.
20 Karl Jaspers: Schriften zur deutschen Politik 1945 bis 1965. München 1965, S. 246.
21 Norbert Frei: Vergangenheitspolitik. München 1996, S. 130
22 Zitiert nach Norbert Frei: Vergangenheitspolitik, S. 361 f., S. 365.
23 Norbert Frei: Vergangenheitspolitik, S. 361–366.
24 Zitiert nach Norbert Frei: Vergangenheitspolitik, S. 369.
25 Vgl. Hildegard Hamm-Brücher: Freiheit ist mehr als ein Wort, S. 158 ff.
26 Ebenda, S. 140 ff.
27 Rudolf Wassermann in: Recht und Politik, Heft 2, 1984, S. 72.
28 Theodor Heuss: Die großen Reden.
29 Ebenda.
30 Protokoll des Deutschen Bundestages vom 6. Juni 1956.
31 Protokoll der Anhörung im Deutschen Bundestag am 24. Juni 1987.
32 Ausführlicher im Kirchentagsreferat, S. 121–129 dieses Buches.
33 Benannt nach dem damaligen Staatssekretär im Auswärtigen Amt, Walter Hallstein (1901–1982).
34 Schriftenreihe der Bundeszentrale für politische Bildung, Band 335 und Adalbert Rückerl, NS-Verbrechen vor Gericht. Heidelberg 1982.
35 Schriftenreihe der Bundeszentrale für politische Bildung, Band 335.
36 Die Strafbarkeit der sogenannten »Auschwitz-Lüge« war zwar am 25. April 1985 im Deutschen Bundestag beschlossen worden, aber diese Lüge wuchert weiter.
37 Protokoll des Deutschen Bundestages vom 23. Mai 1989.
38 Partner für Berlin (Hrsg.): Aufbruch ins 21. Jahrhundert – An-

sprache von Bundespräsident Roman Herzog im Hotel Adlon
am 26. April 1997, Sonderdruck, Berlin 1997.

39 Hildegard Hamm-Brücher: Der Politiker und sein Gewissen.
München 1983/1987/1991; Kämpfen für eine demokratische
Kultur. München 1986; Der freie Volksvertreter. München
1990.

40 Ich nenne stellvertretend für andere das Förderprogramm für
Schulen und Schüler »DEMOKRATISCH HANDELN«, das
von der THEODOR-HEUSS-STIFTUNG und der Akademie
für Bildungsreform Tübingen/Jena durchgeführt wird.

Literaturverzeichnisse

Literatur über die » Weiße Rose«

Dummbach/Newborn: Die Geschichte der Weißen Rose.

Jens, Inge (Hrsg.): Hans Scholl, Sophie Scholl, Briefe und Aufzeichnungen. Frankfurt/M. 1984.

Jens, Inge/Knoop-Graf, Anneliese (Hrsg.): Willi Graf, Briefe und Aufzeichnungen. Frankfurt/M. 1988.

Moll, Christiane: Die Weiße Rose. In: Steinbach, Peter/Tuchel, Johannes (Hrsg.): Widerstand gegen den Nationalsozialismus. Bonn 1994 (Bundeszentrale für politische Bildung).

Petry, Christian: Studenten aufs Schafott. Die Weiße Rose und ihr Scheitern. München 1969.

Scholl, Inge: Die Weiße Rose. Erweiterte Neuausgabe. Frankfurt/M. 1992.

Steffahn, Harald: Die Weiße Rose. Mit Selbstzeugnissen und Bilddokumenten. Reinbeck 1993.

Verhoeven, Michael/Krebs, Mario: Die Weiße Rose. Der Widerstand Münchner Studenten gegen Hitler. Informationen zum Film. Frankfurt/M. 1982.

Vinke, Hermann: Das kurze Leben der Sophie Scholl. Ravensburg 1980.

Literatur zur Gesamtproblematik

Alt, Karl: Überschreiten von Grenzen. München 1946/1994.

Arendt, Hannah: Eichmann in Jerusalem. München 1986.

Borchert, Wolfgang: Allein mit meinem Schatten und dem Mond. Briefe, Gedichte und Dokumente. Hrsg. von Burgess, Gordon/Töteberg, Michael. Reinbek 1996.

Borchert, Wolfgang: Draußen vor der Tür und ausgewählte Kurzgeschichten. 15. Aufl., Hollfeld 1995.

Dirks, Walter: Die unvollendete Aufklärung. Aufsätze zur Kultur und Bildung. Zürich 1991 (Gesammelte Schriften, Band 7).

Dirks, Walter: Für eine andere Republik. Politische Aufsätze 1971 bis 1987. Zürich 1991 (Gesammelte Schriften, Band 8).

Dirks, Walter: Gedächtnis und Erinnerung. 70 Jahre deutsche Zeitgeschichte. Eine Rede zum 8. Mai 1985. Zürich 1985.

Dirks, Walter: Sagen, was ist. Publizistik 1950–1968. Zürich 1988 (Gesammelte Schriften, Band 5).

Frei, Norbert: Vergangenheitspolitik. München 1996.

Giordano, Ralph: Die zweite Schuld. Hamburg 1987.

Hamm-Brücher, Hildegard: Der Politiker und sein Gewissen. München 1983/1987/1991.

Hamm-Brücher, Hildegard: Kämpfen für eine demokratische Kultur. München 1986.

Hamm-Brücher, Hildegard: Der freie Volksvertreter. München 1990.

Hamm-Brücher, Hildegard: Freiheit ist mehr als ein Wort. Köln 1996.

Heuss, Theodor: Die großen Reden. Tübingen 1965.

Heuss, Theodor: Aufzeichnungen 1945–1947. Tübingen 1966.

Horst, Ferdinand (Hrsg.): Beginn in Bonn. Reinbeck 1985.

Jaspers, Karl: Schriften zur deutschen Politik 1945 bis 1965. München 1965.

Jaspers, Karl: Wohin treibt die Bundesrepublik? München 1966.

Kästner, Erich: Fabian. Die Geschichte eines Moralisten. Zürich 1985.

Kästner, Erich: Gedichte. Frankfurt am Main 1981.

Kogon, Eugen: Das Gespenst der deutschen Remilitarisierung. In: Frankfurter Hefte, 5, 1950.

Kogon, Eugen: Der SS-Staat. Das System der deutschen Konzentrationslager. 8. Aufl., München 1991.

Kogon, Eugen: Die Aussichten der Restauration. Über die gesellschaftlichen Grundlagen der Zeit. In: Frankfurter Hefte, 9, 1954.

Kogon, Eugen: Die Wiederkehr des Nationalsozialismus. In: Frankfurter Hefte, 6, 1951.

Langgässer, Elisabeth: Ausgewählte Erzählungen. Triptychon des Teufels. Rettung am Rhein. Der Torso. Hildesheim 1984.

Lichtenberg, Heiner (Hrsg.): Täter – Opfer – Folgen. Bonn 1995 (Bundeszentrale für politische Bildung).

Mann, Golo: Die Geschichte des 19. und 20. Jahrhunderts. Frankfurt/M. 1965.

Mitscherlich, Alexander: Auf dem Weg zur vaterlandslosen Gesellschaft. Neue Ideen zur Sozialpsychologie. Neuausgabe München 1996.

Mitscherlich, Alexander und Margarete: Die Unfähigkeit zu trauern. 14. Aufl., München 1994.

Perels, Joachim: Wider die ›Normalisierung‹ des Nationalsozialismus. Offizin 1996.

Popper, Karl: Die offene Gesellschaft und ihre Feinde. München 1972.

Popper, Karl: Auf der Suche nach einer besseren Welt. München 1984.

Steinbach, Peter: Widerstand in Deutschland. München 1994.

Sternberger, Dolf: Gut und Böse. Moralische Essais aus drei Zeiten. Frankfurt/M. 1988.

Sternberger, Dolf: Ich wünsche ein Bürger zu sein. Neun Versuche über den Staat. Bodenheim 1956.

Sternberger, Dolf: Lebende Verfassung. Hain Bodenheim 1956.

Danksagung

Für die redaktionelle Unterstützung möchte ich mich bei der Lektorin Frau Maria Matschuk vom Aufbau Taschenbuch Verlag herzlich bedanken und auch insbesondere bei meiner langjährigen Mitarbeiterin Frau Marion Mayer, die den technischen Teil des Manuskripts übernommen hat.

A^tV

Band 8506

Aufbau Thema
Herausgegeben von Wilhelm von Sternburg

Wilhelm von Sternburg
Warum wir?

Die Deutschen und der Holocaust

Originalausgabe

110 Seiten
ISBN 3-7466-8506-0

Die Vernichtung des europäischen Juden-
tums und der von Deutschland entfesselte
Zweite Weltkrieg sind historisch unver-
gleichbar.
Das Buch Daniel Goldhagens trifft den
Nerv der Deutschen: Die erhitzte Debatte
zeigt, daß mehr Verdrängung als offensive
Auseinandersetzung vorherrscht. Wilhelm
von Sternburg erörtert mit dem Blick in
die Geschichte weit vor dem Dritten Reich
und mit Überlegungen zu deutschen Men-
talitäten, warum gerade Deutschland, eine
der bedeutendsten Kulturnationen, den
Holocaust auslöste und viele seine Bürger
zu Tätern wurden.

A*t*V

Band 8505

Aufbau Thema
Herausgegeben von Wilhelm von Sternburg

Ignatz Bubis
Juden in Deutschland

Originalausgabe

106 Seiten
ISBN 3-7466-8505-2

Ignatz Bubis, seit 1992 Vorsitzender des
Zentralrats der Juden in Deutschland,
warnt vor antisemitischen Tendenzen in
unserer Gesellschaft und vor dem Verdrängen und Vergessen deutscher Schuld an
der Vernichtung des europäischen Juden-
tums. Er plädiert für einen vorurteilsfreien
Umgang mit Minderheiten und für das
Wiederentdecken der gemeinsamen
deutsch-jüdischen Wurzeln: »Ein jüdischer
Deutscher ist ein Bürger der Bundesrepublik Deutschland mit denselben Rechten
und Pflichten wie jeder andere Deutsche.«

A^tV

Band 8501

Aufbau Thema
Herausgegeben von Wilhelm von Sternburg

Moshe Zimmermann
Wende in Israel
Zwischen Nation und Religion

Originalausgabe

127 Seiten
ISBN 3-7466-8501-X

Wie gespalten Israel ist, haben die Ermordung Rabins 1995 und der Wahlerfolg des Likud-Vorsitzenden Netanyahu im Mai 1996 demonstriert. Nach 100 Jahren Zionismus und fast 50 Jahre nach Gründung des Staates bewegen sich Politik und Gesellschaft zwischen den Alternativen Demokratie und Theokratie, modern oder konservativ, liberal oder fundamentalistisch.
Moshe Zimmermann erhellt die innere Dynamik dieses Kulturkampfes. Er hat »die erste fundierte deutschsprachige Analyse der demokratischen Revolution in Israel vorgelegt ... Dieses Buch wird über den Tag und den Anlaß hinaus Bestand haben.«   *Der Tagesspiegel*

AtV

Band 8508

Aufbau Thema
Herausgegeben von Wilhelm von Sternburg

Manfred Buchwald
Medien-Demokratie
Auf dem Weg zum entmündigten Bürger

Originalausgabe

96 Seiten
ISBN 3-7466-8508-7

Unter dem Schlagwort »Multimedia« wird ein phantastisches Szenarium der totalen weltumspannenden Kommunikation versprochen. Diese schöne neue Welt wird von internationalen Konzernen der Bewußtseinsindustrie beherrscht, die sich zunehmend demokratischer Kontrolle entziehen. Der Bürger opfert den Medien immer mehr Zeit und Geld. Entwickelt sich eine Zweiklassengesellschaft, bestehend aus einer feudalen Informationselite und einem manipulierbaren Unterhaltungsproletariat?
Manfred Buchwald analysiert die medienpolitische Entwicklung bis in die Gegenwart.

A^tV

Band 8511

Aufbau Thema
Herausgegeben von Wilhelm von Sternburg

Robert Misik
Mythos Weltmarkt
Vom Elend des Neoliberalismus

Originalausgabe

144 Seiten
ISBN 3-7466-8511-4

Die Hohepriester der Marktwirtschaft
reden von den »Sachzwängen« und »Ge-
setzen« der globalen Märkte. Ihre Götter
sind die Unternehmer. Staat und Politik
gelten nichts mehr, die ökonomische
Vernunft triumphiert, und die globalen
Märkte werden heiliggesprochen.
Robert Misiks Essay unterzieht den
Neoliberalismus und die Ideologie der
Globalisierung einer »Religionskritik«.
Wenn die globale Marktökonomie sich als
alternativlos feiert, die Individuen den
wirtschaftlichen »Notwendigkeiten«
unterworfen sind, ist die Möglichkeit von
Freiheit nicht mehr denkbar.
Robert Misik plädiert dafür, die Diktatur
des Marktes zu brechen, und entwickelt
Alternativen zum herrschenden »Einheits-
denken«.

A^{t}V

Band 8504

Aufbau Thema
Herausgegeben von Wilhelm von Sternburg

Rolf Dietrich Schwartz
Kapitalismus ohne Netz
Was hält die Gesellschaft noch zusammen?

Originalausgabe

104 Seiten
ISBN 3-7466-8504-4

In der Bundesrepublik hatte sich nach dem
Zweiten Weltkrieg in Gestalt der sozialen
Marktwirtschaft eine gebändigte Kapitalis-
mus-Variante durchgesetzt. Unter dem
Druck der gegenwärtigen ökonomischen
Krise beginnt dieser Konsens zu zerbrechen.
Rolf Dietrich Schwartz, Bonner Korres-
pondent der »Frankfurter Rundschau«,
verweist auf erschreckende historische
Parallelen zwischen dem Sozialabbau heute
und der Politik des »Kaputtsparens« in
den 30er Jahren, die Hitlers Aufstieg
begünstigte. Er prangert die unverfro-
renen Interessenpolitik zugunsten der
Vermögenden an und entlarvt konservative Lösungsstrategien als irrational:
Der weltweit propagierte »Kapitalismus
ohne Netz« droht, die demokratischen
Institutionen und letztlich die gesamte
Gesellschaft zu destabilisieren.